個別ケアのための
アセスメント・記録ツール

24H(じかん)シートの作り方・使い方

第2版

一般社団法人 日本ユニットケア推進センター
センター長
秋葉都子 著

中央法規

はじめに

　「介護」とは、相手（人）の歴史（人生）の一部にかかわる（かかわらせていただく）仕事です。

　ある歴史学者が「歴史とは現在と過去との対話である」と書いていました。これは「どんな歴史研究でも、今あること、今生きている私たちにどのような意味があるのかという視点を持ち続ける」ことを意味します。

　「介護」に当てはめてみましょう。初回面談や最初のかかわりで「今までどうでしたか」と生活歴などを伺うことは基本です。しかし、果たして「今を生きる」「今を暮らしている」入居者のこれからのために伺っていたのかと問われれば、私自身は自信がありません。

　入居者の「今の暮らし」を認識したうえで、今ある暮らしがあるのはなぜかと伺うことが正しい順番ではないでしょうか。

　本書で紹介する24Hシートは「今の暮らし」を伺うために存在します。24Hシートは、個々の情報のアセスメントシートと思われがちですが、それだけではありません。「入居者の暮らし」を時間的、空間的にとらえる「鳥の目」の構造をもち、調べる項目一つひとつに入居者の喜びや悲しみなどを反映する「虫の目」をもち得ています。そして、その時々の状況（潮流）に合わせる「魚の目」ももち得ています。

　一方、施設運営面に活用すれば、運営全体を把握する「鳥の目」になり、個々の24Hシートは「虫の目」にも、時代に合わせた「魚の目」にもなります。

　入居者の暮らしを支えるためには、その人の歴史に携わることです。そのためには、入居者を体系的、構造的にとらえる視点が必要です。その構造を持ち得るのが24Hシートといえます。

　プロフェッショナルになるうえで一番大切なことは、誰かに「教えてもらう」のではなく、自ら学ぶ・知ろうとする姿勢です。そのツールとしても、24Hシートは有

効です。

　24Hシートは、日本ユニットケア推進センターの実施研修施設の職員と、「入居者の暮らしの継続」をサポートするにはどうしたらよいのかと日々検討し続けた中から誕生した、現場発のツールです。単なるアセスメントツールではなく、「地域で愛される施設になる」ためにどのような運営をしたらよいのか、確実に理論や想いを具現化するために誕生したものです。

　運営には限りがありません。同様に、24Hシートも進化を続けます。本書はまずは24Hシートを紹介する本です。今後、さらなる進化を重ねていきたいと思います。

2018年4月

著者

個別ケアのためのアセスメント・記録ツール
24Hシート(じかん)の作り方・使い方

目次

はじめに

第1章 入居者の日々の暮らしを支える……7

1 人の暮らし……8
「人それぞれの暮らしのサポート＝介護」を考える／暮らしの中で大切なこと

2 ケアの変遷とユニットケアの誕生……12
特別養護老人ホームの制度化／暮らしの場への改革

3 ユニットケアの特徴……19
理念／少人数ケア体制をつくる（フォーム）／入居者が自分の住まいと思える（ハード）／今までの暮らしを続けられる（ソフト）／24時間の暮らしを保証する（システム）／個別ケアの実践

第2章 入居者の日々の暮らしを知る……31

1 24Hシートにおけるケアの視点……32
目指すケアの視点／ケアの視点を暮らしのどこに向けるか／入居者に暮らしを尋ねる際の視点

2 介護現場でこんなことありませんか？……35

3 24Hシートとは何か？……37
24Hシート誕生の背景／アセスメントの必要性／24Hシートの考え方／24Hシートの特徴

4 | 24Hシートの活用方法と効果 41

5 | 事例とデータから見た24Hシートの効果 44
事例から見た24Hシートの効果／データから見た24Hシートの効果

第3章 24Hシートの作成とその流れ 51

1 | 24Hシートを導入するには（動機づけ）..... 52
24Hシートの作成と活用の手順／導入までの方法／導入前の確認／導入のポイント

2 | 24Hシートの書式の決定 59

3 | 情報収集 63
情報収集の流れ／情報収集の期間／情報収集する職員／情報収集の対象／情報収集の3つの方法

4 | 24Hシートへの記入 72
記入の仕方／表現の方法／各項目の書き方

5 | 24Hシート記入後の確認 79

6 | 24Hシートの活用 81
24Hシートを置く場所／活用の仕方／職員研修への活用

7 | 24Hシートの更新 84
更新の考え方／更新の気づき

8 | 24Hシートの一覧表の作成 86
一覧表の作成／一覧表の効果

9 | 24Hシート作成Q&A 89
書式／読み取り／聞き取り／観察／項目の書き方／記入後の確認／活用／更新

第4章 24Hシートと記録 ……103

1 | **情報の伝達と共有**……104
チームケアの現状／情報の分類と整理／情報の伝達と共有の手段──記録

2 | **記録の役割**……106
仕事の成果と情報の伝達・共有

3 | **記録の工夫**……109
記録の書式の整理と種類／記録の一元化・一覧化

4 | **24Hシート（ケアの見積書）と ケース記録（ケアの明細書）**……113
ケアの見積書と明細書

5 | **記録の活用**……115
記録にまつわる疑問

第5章 24Hシートとケース記録が導く 入居者を知るデータ（統計処理）……119

1 | **入居者の暮らしのデータの活用**……120
入居者の暮らしを見える化（データ化）する／データの収集期間と分析／データから見えるもの

資料 ・・ 125

| 1 | 24Hシート・記録作成チェック項目・・・・・126
| 2 | 24Hシート参考事例・・・・・128
| 3 | 24Hシート一覧表・・・・・132
| 4 | 24Hシート聞き取り項目・・・・・136
| 5 | 理解度テスト　解答・・・・・144

おわりに

第1章 入居者の日々の暮らしを支える

1 人の暮らし

■1「人それぞれの暮らしのサポート＝介護」を考える

　介護が必要（要介護）とは、どういう状態のことを指しているのでしょうか。「食べ物を買いにいけない」「浴槽をまたげない」「足の爪が切れない」「電話がかかってきてもどうしたらよいかわからない」「ご飯を食べたかどうか忘れてしまう」「自分の意思が伝えられない」など、暮らし続けるために必要な行為が自分でできないので、サポート（介護）してほしいということです。ですから、そのサポート内容や必要度は千差万別です。誰一人として同じにはなりません。人それぞれです。

　次に、「介護する」ということを考えてみましょう。要介護者は、暮らし続ける中でサポートを必要としています。そのサポートには、次の4つの理解が必要になります。

❶「暮らし」の理解　→　暮らしとは何か？　暮らしで大事にすることは何か？
❷「暮らしの継続」の理解　→　暮らしを続けるとは、どういうことか？
❸「暮らしぶりと人となり」の理解　→　目の前の要介護者がどのように暮らし続けたいか？
❹実践の構造の理解　→　介護するために必要な組織づくり、体制づくり、チームケアづくり

　では、一つずつ「理解」を掘り下げていきましょう。

❶「暮らし」の理解

　まずは自分の生活を振り返ってみましょう。朝、目が覚めて、着替えをして、朝食を食べ、電車に乗り職場へ行きます。職場で仕事をした後、夜になったら家に帰り、好きなテレビを見ながら夕食を食べ、息抜きをします。そして、寝る前にゆったりと30分お風呂に入ってからベッドで眠ります。人それぞれではありますが、目覚めから就寝まで、そして翌朝の目覚めというサイクル（1日1日が暮れていくこと）が「暮らし」になります。

❷「暮らしの継続」の理解

ある施設でこんな話がありました。「暮らしの継続というけれど、施設に入居したら、家と同じ暮らしはできない」。暮らしの継続とは、家と同じように暮らすということなのでしょうか。それは違います。同じような形態で暮らすということではなく、「自分が自分でいることができる」ということ、形が変わっても、自分であり続けるというです。次の事例で具体的に説明します。

> 施設に入居したＡさんにどのように暮らしたいかアセスメントをしました。
> 「家では朝食に何を食べていましたか？」と聞いたところ、Ａさんは「お米のご飯です」と答えました。その理由を聞くと、実はＡさんは、朝食にパンが食べたかったのですが、地方に独り暮らしだったためお店が近所になく、パンを買えない環境だったということがわかりました。家では仕方ないからお米のご飯を食べていたのです。
> 翌朝からＡさんの朝食には、お米のご飯ではなくパンを出しました。

要介護状態になり、施設に入居するということは、「発作が起きて歩けなくなった」「介護する人がいなくなった」など、これまでの生活が続けられなくなるファクターが生じたということです。すべてにおいて家の生活と同じ状態というわけではなく、身体の状態や好みが変わっても「自分」であることは変わりません。

「暮らしの継続」をサポートするとは、「その人がその人でいられる」そのことをサポートすることなのです。

❸「暮らしぶりと人となり」の理解

暮らしぶりや人となりを知る方法として、アセスメントがあります。アセスメントは介護に携わる人にとって当たり前のことだと思いますが、「何をどうアセスメントするか」が職員の間で共通理解になっているでしょうか。「職員により情報の持ち方が異なる」「他職種で考え方が違う」のはまさにケアの視点が共有されていないということです。

介護とは暮らしのサポートです。まず、ケアの視点は「暮らし」に向けないといけません。暮らし続けることを考慮すると、暮らしの単位は「１日」になります。ケアの視点、アセスメントの視点は、要介護者の「１日の暮らしぶりを知る」ためにあります。要介護者の中には、がん、認知症、脳梗塞などさまざまな疾患・障害の人がいます。どんな状態の人でも「１日の暮らし」があります。その暮らしに視点を合わせ

ることが基本となります。

❹実践の構造の理解

　入居者の暮らしは「目が覚めて」「食べて」「出して」「眠る」等の生活行為の繰り返しです。そのような暮らしの継続をサポートするには、生活行為を行う場としての建物や環境を整え、入居者が自分なりに生活行為が行えるようにする必要があります。その実践のためには、知識と理解が求められます。

　❶～❹をあわせもった理論と実践に「ユニットケア」があります。ユニットケアの誕生とその内容は、「2　ケアの変遷とユニットケアの誕生」で解説していきます。

2 暮らしの中で大切なこと

● 自分の暮らしだから、自分の好きなようにしたい

　研修で受講生に「暮らしのなかで大切にしていること」を尋ねると、多くの人が答えるのに時間がかかります。毎日何らかのこだわりをもって暮らしている人は多くないのでしょうか。

　少し間を置いて「家族」「自分の自由な時間」「好きに暮らしたい」など、自分の時間や空間を束縛を受けずに大切にしたいという答えが出てきます。「自分の暮らしは自分の好きなようにしたい」というのが暮らしの基本的な考え方なのかもしれません。

　また、「毎晩の晩酌」「おいしいものを食べたい」「ゆっくり寝たい」など、具体的に自分のこだわりを答える人もいます。終末期の利用者が数か月の間、毎食お刺身だけを食べていたという介護体験はありませんか？　人の暮らしには「これだけは好きにしたい」というこだわりや譲れないものがあるはずです。

コラム
施設＝自宅＋介護力

　入居者はなぜ施設に入居してくるのでしょうか？
　「認知症になり、これ以上独りでは家に住み続けられない」「老老介護だが、自分のことで精一杯で、これ以上相手の面倒は見られない」「自宅で面倒を見てくれる人がいない（介護力がない）」などの理由で入居してくることが多いです。共通して自宅に介護力がないことが理由です。そのような事情から、**図表1-1**のように施設は「自宅＋介護力」と表すことができます。しかし、「自宅」といっても、施設は「自宅」にはなり得ません。施設が暮らしの継続の場になるには、住まいや環境に加え、暮らし方やチームケアの仕組みも必要になります。その仕組みがユニットケアになります。

図表 1-1　入居の理由と施設の存在

入居理由　・認知症、高齢独居
　　　　　・老老介護　etc

自宅に介護力がない

住まい（環境）
一人ひとりの暮らし
チームケア

ユニットケアは、ケア論だけではない
施設運営のシステム論である

2 ケアの変遷とユニットケアの誕生

■1 特別養護老人ホームの制度化

● 老人ホームの歴史と時代背景

　図表1-2は、特別養護老人ホームの歴史と当時の時代背景を表わしています。老人ホームは戦前からありましたが、ここでは戦後の世の中の変遷とともにたどります。

　戦後、家を焼け出されて住む場所を失った人たちにとって、屋根のある居場所の確保が急務でした。場所を確保する際には、全員が入れることが大事だったのでしょう。子どもも大人も老人も、とにかく屋根のある場所に入ってもらうことが先決で「収容」化していました。

　その後、1963年に老人福祉法が制定され、特別養護老人ホームが制度化されました。東京オリンピックの開催や東海道新幹線の開通など、戦後の焼け野原と比べ活気に満ちた時代を迎えます。洗濯機や冷蔵庫、テレビ、電話などの電化製品が普及しはじめたのもこの頃です。

　当時は6畳1間の部屋に家族全員で住まう時代です。この1つの部屋が寝室になったり、キッチンやダイニング、リビングになったりと、時間や暮らしとともに部屋の役割が変化するのが当たり前でした。自分の部屋（個室）のある時代ではなかったの

図表1-2　老人ホームの歴史と世の中の変遷

	戦後		
焼け出された人	とにかく収容する		何もない時代

	1963年		
特別養護老人ホームの誕生	病院をモデルに	多床室・大食堂一斉のケア	冷蔵庫、洗濯機、自家用車、電話は各家庭にはない

	2002年		
ユニット型施設の誕生	個室・少人数介護・個別ケア		1人に1台の電話、1軒に数台のテレビ、自家用車

です。

病院がモデルとなった高齢者施設

図表1-3に示すように、病院には、主に2つの役割があります。病気やケガなど（課題）を探して、治療（解決）する役割と、自分の今までのリズムを取り戻す役割です。いわば課題解決型の視点をもっているので、「元のあなたに戻すので、ご飯はこの量で、この時間……これ以上食べてはいけませんよ」となります。

この役割を実践するために、より多くの人が治療の機会をもてるようにと、建物も大きく機能的になっていきました。たとえば、野戦病院や災害時に緊急に傷病者の手当を行う場所のように、病院はまず場所を確保し、治療に専念できるようにしてきたようです。

今日では、治療に専念できる環境や運営に配慮した病院も増えていますが、病院（治療の場）は自分の家ではありません。家に帰るために治療に専心する一時しのぎの場といえます。

当初の特別養護老人ホームは、このような病院の役割を手本としてきましたので、課題解決型の視点と規則正しい生活リズムを基本とした運営になっていました。しか

図表1-3　病院と施設の比較

病院：治療の場
- 「課題＝病気・ケガ」を見つけて、解決（治療）する所
- 生活リズムを取り戻すために、規則正しい生活をする所

施設：暮らし続ける場
- 自分のペースで暮らせる所
- 終の棲家になる場合もある所

コラム　平等という名のもとの不平等

ある施設で出前をとったときの話です。注文をとると、入居者Aさんは「600円のもりそば」、入居者Bさんは「3000円のうな重」と言いました。皆さんは不平等に思いますか？

Aさんが、うな重が食べたいけれど、お金がないから仕方なくもりそばにしたということであれば、何らかのサポートが必要ですが、本当にもりそばが食べたいのであれば、注文を揃える必要はありません。それぞれが本当に食べたいものを注文できることが平等なのです。

し、病院は同じ病名の疾病であっても、一人ひとりにあった治療、個別対応をしています。残念ながら、そこは手本にならず、特別養護老人ホームでは全員一律の規則正しい生活リズムが誕生してしまいました。

大きな集団をベースにしたケア

当時の特別養護老人ホームは、時代背景からわかる通り、当然、入居者一人ひとりの個室は考えられていませんでした。多床室も、今のように4人部屋ではなく、8人、10人部屋から始まりました。

その多床室をいくつもつなげて作るため、入居者は大きな集団となり、食事・入浴・排泄などの生活行為をする場所も、広いものでないとまかないきれず、建物の構成は必然的に、大食堂、大浴場、一か所にまとまったトイレになりました。

こうした建物におけるケアの組み立てとしては、大きな集団が基本になります。大きな集団の入居者が食事や入浴、排泄など生活行為をする場合、ある程度の決まり（日課）がないと職員は対応できなくなります。このように、日課は必要不可欠なケアのアイテムになっていきました（**図表1-4**）。

特別養護老人ホームの設備及び運営に関する基準（以降、「運営基準」とします）第2条を**図表1-5**に示します。ケアの視点は「入浴、排せつ、食事等の介護、相談及び援助」となっています。そうなると、入浴や排泄、食事を全員滞りなく終わらせることに目が向けられ、効率を求めるようになります。

このような状態では、一人ひとりの入居者をみて個別に対応していくことは困難でした。

図表1-4 建物とケアの関係

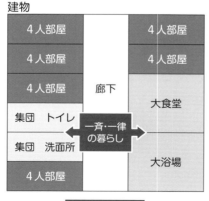

図表1-5　老人福祉法 第17条に基づく「特別養護老人ホームの設備及び運営に関する基準」第2条（抜粋）

第2章　基本方針並びに人員、設備及び運営に関する基準
（基本方針）
第2条
2　特別養護老人ホームは、入所者の処遇に関する計画に基づき、可能な限り、居宅における生活への復帰を念頭に置いて、入浴、排せつ、食事等の介護、相談及び援助、社会生活上の便宜の供与その他の日常生活上の世話、機能訓練、健康管理及び療養上の世話を行うことにより、入所者がその有する能力に応じ自立した日常生活を営むことができるようにすることを目指すものでなければならない。

コラム
病院でも環境を考えている

　悪い所（課題）を見つけて解決に導く病院に関して、最近の環境の変化には驚くことが多いです。
　たとえば、小児病院はどうでしょう。白い壁から、動物や植物、キャラクターの壁紙に変わってきています。医師の診察机の上には、キャラクターのおもちゃやシールがあります。歯医者の診察室の中にも、子ども用のいすやおもちゃがあります。
　また産科の病院では、ここはホテルかと思うような建物と食事。毎食にデザートや果物、退院時にはステーキという病院が、特別病院でなくとも普通に存在しています。
　一般病棟でも、食べられる人はベッドの上ではなく、デイルームでの食事が当たり前になっています。
　病院には病院の役割があり、施設には施設の役割があります。立場は違えど、共通の理念があります。それは、対象者は人であること、人が暮らしていくうえでの障害（課題）をサポートする場であることです。
　ちょうど、過疎地域の地域医療の医師がテレビで紹介されていました。その医師は「家にいると患者が元気になる。それは役割を見つけられるからだ」と言っていました。役割とは、暮らしていると実感できる環境にいるからこそもてるものではないでしょうか。
　環境のないところや暮らしの見えないところで与えられた役割は、本来のものにはなりえないでしょう。
　その意味では、病院も生きる気力を振り絞れる環境作りが見えています。介護現場は病院モデルから出発しましたが、暮らしの場として病院が介護現場をモデルとする、そんな場になればいいですね。

2 暮らしの場への改革

● 現在の暮らし

　特別養護老人ホームの誕生から半世紀が経ちました。時代は大きく変化し、当時は珍しかった家電製品もほとんどの家庭で充足し、今ではテレビや自家用車を数台所有という家も多いでしょう。建物でいえば、どの家も寝室、リビング、ダイニングキッチンと、それぞれの部屋が独立していると思います。家族一人ひとりが自分の部屋（寝室）をもっていることでしょう。

　このような世の中の暮らしの変化からユニット型特別養護老人ホームが誕生します。ユニット型特別養護老人ホームの運営基準を**図表1-6**に示します。ケアの視点は「入居前の居宅における生活と入居後の生活が連続したものとなるよう配慮しながら」となり、施設は「暮らしの継続」の場であるということが示されました。「暮らし」は、人それぞれ違いますので、「一人ひとりへのサポート＝個別ケア」をするとなります。そうなると、多人数では対応できませんので、ユニットの入居者構成（生活単位）を少なくして（10人前後）、きちんと一人ひとりを見るという視点になりました。

● 運営基準の違い

　では、第2条の特別養護老人ホームの基本方針と第33条のユニット型特別養護老人ホームの基本方針の違いについて、具体的に比較していきます（**図表1-7**）。

　まずは言葉の使い方が違います。入所者と入居者、自立と自律。これらはともに同じ意味合いで使われていますが、意味するところは大きく異なります。

入所＝研究所・裁判所・訓練所など所という名前のつく所に入り、そこで勤めたり、生活したりすること。有罪の判決を受けて、刑務所に入ること
入居＝自分の家に入って居住を始めること

　アパートやマンションに入居する時の契約書は「入居契約書」です。「住まい」であれば、入居という言葉が適切だということがわかります。有料老人ホームやケアハウスなども「入居」という言葉を使っています。高齢者施設が老後における「住まい」の選択の一つになるためにも、「入居」という言葉を使用する意味は大きいでしょう。

図表 1-6　老人福祉法 第17条に基づく「特別養護老人ホームの設備及び運営に関する基準」第33条（抜粋）

第3章　ユニット型特別養護老人ホームの基本方針並びに設備及び運営に関する基準
（基本方針）
第33条　ユニット型特別養護老人ホームは、入居者一人一人の意思及び人格を尊重し、入居者へのサービスの提供に関する計画に基づき、その居宅における生活への復帰を念頭に置いて、入居前の居宅における生活と入居後の生活が連続したものとなるよう配慮しながら、各ユニットにおいて入居者が相互に社会的関係を築き、自律的な日常生活を営むことを支援しなければならない。

図表 1-7　運営基準における特別養護老人ホームとユニット型特別養護老人ホームの言葉遣い・ケアの視点の違い

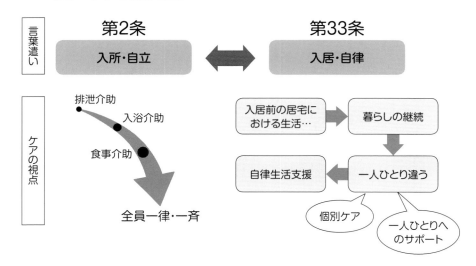

自立＝他への従属から離れて独り立ちすること
自律＝他からの支配や助力を受けずに存在すること。他からの支配や制約を受けずに自分自身で立てた規範に従って行動すること

　福祉関係の書物によれば「自立」についても、介護を受けながらも主体的、選択的に生きることと書かれているので、自立と自律に大きな差はないように感じます。
　福祉の世界では「自立支援」がよく使われますが、ユニット型特別養護老人ホームの基準で「自律」を使用している意味を考える必要があります。
　これから施設に入居するのは、重度の人が優先されます。重度の認知症や身体状況であれば、場合によっては自分で身体を動かすこともできず、自分の状態を伝えるこ

とができません。しかし、どんなに重度になっても、自分の決めた暮らし方や意見が尊重され、認められる暮らしが実践される必要があります。その意味を含めて、ユニット型施設では「自律した生活」という書き方がされています。

　次にケアの視点を考えてみましょう。
　図表1-7に示すように、第2条では、「入浴、排せつ、食事等の介護、相談及び援助」となっていますので、全員一斉一律のケアに発展していきました。その結果、食事や行事への参加も、全員同じであることが平等だという感覚が生まれました。
　一方、第33条では、「入居前の居宅における生活と入居後の生活が連続したものとなるよう」＝「暮らしの継続」となり、暮らしは一人ひとり異なることから、「一人ひとりへのサポート＝個別ケア」を目指すことになります。食事では食べたい量や好みを個別に伺いますので、人それぞれの食事風景が見られます。行事やレク活動も参加したい人が参加する、個人の意思を尊重した対応になります。
　両者を比べますと、入居・自律という言葉が使われるようになり、「施設＝住まい」と定義され、ケアの視点が「一斉一律」から「一人ひとり」「個別ケア」へと大きく変化していることがわかります。世の中も電話が1軒に1台もない時代から、携帯電話の普及で1人に1台になったように、生活スタイルが大きく変わりました。「施設＝自宅＋介護力」とする時、ユニットケアの誕生は自然の流れでした（**図表1-8**）。
　このように、ユニット型施設では、入居者本人が自分らしく暮らすことになりますが、専門職としては、本人の言いなりではなく、専門的知識をもってアプローチしていくことを忘れてはいけません。「ユニットケア＝家と同じように何でも好きに暮らす」と捉えがちですが、表面はそうでも、専門職として管理を委ねられていますので、きちんとアセスメントやデータを取り対応していくということです。

図表1-8 ユニットケアが制度化にいたる流れ

年代	具体的な制度化の歩み
2002年以前	先駆的な施設での取り組み
2002年	個室・小規模生活単位型特養の整備費補助金を創設
2003年	個別ユニット型特養の基準を整備 ○ソフトとハードの基準を設定 ○入居者の「居住費」に関する基準改正 ○ユニットケア研修スタート
2005年	○介護保険3施設の居住費・食費を保険給付外に ○老健、療養型にもユニット型の基準・報酬を設定
2006年	○ユニット型に名称変更 ○職員配置基準の明確化

3 ユニットケアの特徴

　ユニットケアは、運営基準第33条（**図表1-6**）で示したとおり、「施設＝暮らしの継続」を目指します。そのためには、目標とする理念を掲げ、理念に沿った実践をするために体制（フォーム）をつくり、住まいとなる環境（ハード）を整え、入居者に自分らしい暮らし（ソフト）を送ってもらい、365日24時間絶え間ないケアの展開にチーム（システム）をつくる必要があります（**図表1-9**）。

1 理念

　「施設＝暮らしの継続」に基づき、各施設では理念が定められていると思います。理念は、施設が目指すことであり、職員が何のために働いているのか、原点に戻るためにあります。

図表1-9 施設運営の4つのポイント

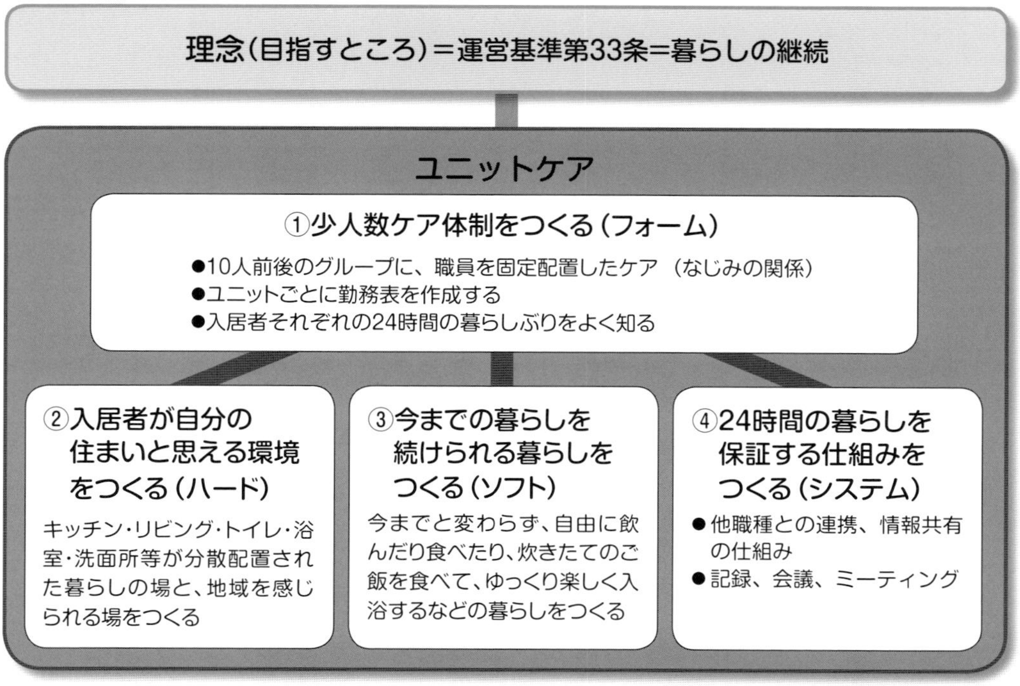

理念（目指すところ）＝運営基準第33条＝暮らしの継続

ユニットケア

①少人数ケア体制をつくる（フォーム）
- 10人前後のグループに、職員を固定配置したケア（なじみの関係）
- ユニットごとに勤務表を作成する
- 入居者それぞれの24時間の暮らしぶりをよく知る

②入居者が自分の住まいと思える環境をつくる（ハード）
キッチン・リビング・トイレ・浴室・洗面所等が分散配置された暮らしの場と、地域を感じられる場をつくる

③今までの暮らしを続けられる暮らしをつくる（ソフト）
今までと変わらず、自由に飲んだり食べたり、炊きたてのご飯を食べて、ゆっくり楽しく入浴するなどの暮らしをつくる

④24時間の暮らしを保証する仕組みをつくる（システム）
- 他職種との連携、情報共有の仕組み
- 記録、会議、ミーティング

理念が定められていても、その具体的意味を知らない職員が多くいます。もし、施設の理念が四字熟語のような具体的ではないものであれば、別途、行動指針等を作成して、わかりやすい内容にするとよいでしょう。職員に理念を浸透させる工夫としては、理念塾を開催する、会議で常に説明する、困難事例にあてはめる等があります。そして、理念の旗を振り続ける役目は管理者にあります。

2 少人数ケア体制をつくる（フォーム）

　何人の職員が何人の入居者をサポートするのか、人数の体制を整えなければ介護は実践できません。

　スポーツでいえば、野球は9人、バレーボールは6人の選手がいなければ試合はできません。それぞれの選手にはポジションがあり、ポジションを乱した行動をとると、チームがまとまらないばかりではなく、勝利へと導くこともできません。

　また、相手側の出方により、選手の数とポジションは同じでも、前進したり後進したりと動きを工夫して競技をします。相手が強豪だからといって、選手を増やすことはできません。

　介護の世界でも、運営に必要な人数を確保し、その人手をどのように有効に活用するかという手腕が求められる時代になりました。入居者が重度化してきたから、大変だからといって、無造作に人手を多く割くことはできません（**図表1-10**）。

　ユニットケアの最大の特徴は、この体制の整備にあります。

図表1-10　少人数ケア体制

■生活単位 ＝ 介護単位 → 固定配置

人員配置 → 2:1　守備範囲を決める

■ユニットごとの勤務表の作成

■24Hシートの作成

3 入居者が自分の住まいと思える（ハード）

　ユニット型施設の建物は、1軒の家のような機能をもったユニットが集まり、街（地域）をつくる構成になっています。

　ユニットは1軒の家の機能ですから、皆さんの家と同様に、自分の部屋としての個室とキッチン、リビング、浴室、脱衣室（洗濯含む）、トイレがあります。それに施設の機能としての汚物処理室、記録の場が加わっています。

　1つのユニットは10人前後の入居者が住む場ですので、普通の家よりは大きくなり、リビングとダイニングは10人分のスペースが必要です。その他は一人ひとりがバラバラに使用するために、入居者1人とサポート役の職員が入る広さとなります。

　キッチンやリビングには、家と同じように家電製品やお茶の道具、新聞等があります。浴室は個別浴槽が標準ですが、入居者の身体状況の重度化に備えて、リフトを整備したり、リフト付き個浴となってきています。個室は10.65㎡（約6畳）以上の広さで、洗面台があり、最近はトイレのある居室も増えてきました。

　ユニット以外の部分は、サークル活動をする公民館や井戸端会議の場、本物の喫茶店や売店など、街（地域）と同じつくりが基本です。建物の中に街（地域）の機能をつくる理由は、どんなに重度になっても最期まで喫茶店のモーニングコーヒーが飲めるという、普通の暮らしを営んでもらうためです。この部分は入居者だけではなく、家族や地域の住民にも利用してもらい、本物の地域をつくり出し、入居者が地域の一員であることを感じることにもつながっています。そのためにも、街（地域）の部分のつくり方や運営方法、建物の立地などに考慮が必要です。

　建物全般で気をつけるのは、施設は入居者の家という視点です。掲示物やいす、テーブルの高さは入居者に合わせたものにします。また、飾りつけやしつらえなどが本物志向であることも大切な要件です（**図表1-11**）。

図表1-11 入居者が自分の住まいと思える環境

ユニット（家）…自分の部屋・キッチン・リビング・風呂場・トイレ・洗濯室…汚物処理室、記録スペース（施設特有）
ユニットから一歩外に出た街（地域）…売店・レストラン・公民館・図書館

- 本物志向である
- 高齢者の目線に合わせる
- 建物の理論に合わせた使い分け

4 今までの暮らしを続けられる（ソフト）

　ソフトの基本的な考え方は、私とあなたでは好みやライフスタイルが異なる、「人それぞれ」であるという認識です。これは、施設に入居しても、変わりありません（**図表1-12**）。

　実践するための方法としては、入居者それぞれに暮らし方を教えてもらい、それに沿ったサポートをすることです。データのとり方としては、後述の24Hシートを使用し、サポートは個別の対応になります。

　具体的な場面として、朝は目が覚めた順番やその人のライフスタイルにあわせた起床になります。朝食はその人の量と好みにあわせて食べます。個人の嗜好品は自分で用意します。全員同じ時間に、同じ量で一斉に食べることはありません。

　「人それぞれ」の対応は、時間差や分散を使ったサポートです。

図表1-12　暮らしを継続するためのソフト

コラム
建物の理論を知る

　最近でも、建物の理論の理解を進めずに建設される施設が、まだ見受けられます。

　建物（環境）の存在は、単に住む場所というだけではなく、暮らし方に大きく影響を及ぼしています。

　ユニットを1軒の家とすると、家に風呂がなければ「もらい湯」になります。「もらい湯」に行くためには、移動に時間がかかります。入浴支援における悩みの多くは「入浴拒否」の人への対応です。やっと入浴する気になってくれたのに、お風呂場に行くまでに気が変わる時があります。「もらい湯」では、1人でサポートできない時に「ちょっと手伝って」というわけにはいきません。

　自分たちの暮らしでも、「この段差がなければ、このドアがなければ、もっとスマートに暮らせるのに」と思うことがあります。建物の理論を知ることはとても大切です。

コラム
施設は高齢者の家。職員は8時間お邪魔している

　施設は職員の皆さんにとっては仕事の場所です。8時間の勤務時間は、できれば自分の思うように楽しく仕事をしたいと思うでしょう。思いっきりのサービスをし、身体を使い、今日も充実した1日だったと満足します。

　さて、そのサービスやサポートは、入居者と同等の立場で行うことを理念として掲げていながら、実際には「してあげる」サービスになっていませんか。

　施設は「高齢者の家」です。そこに職員の皆さんは、8時間だけお邪魔しているのです。住人が昼ごはんを食べていれば、一緒に食べるのは自然かつ当たり前のことです。他人の家に上がりこんで「食事はすべて食べてくださいね」「食事の時間以外には物は食べないでください」などとは、普通は言えないと思いませんか。

ユニットケアは個室がないとできないという誤解

　図表1-13で示すように、ユニット型施設には、ハードと運営の整備について基準があり、それによって個室が作られます。運営に関しては、「生活単位（入居者の暮らしの単位）と介護単位（そのサポートにあたる職員の単位）の一致」とあります。ユニットケアとは、入居者の単位に職員の単位を一致させた、固定配置に特徴があります。この固定配置だけを取り出せば、個室でなくともユニットケアはできます。施設が目指すことは「暮らしの継続＝個別ケア」ですので、どんな施設でもこの理論を応用することができるはずです。

図表1-13 ユニット型施設とユニットケア

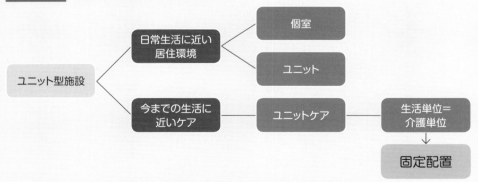

※「特別養護老人ホームの設備及び運営に関する基準について」（平成12年3月17日老発第214号）より

コラム

食事は「おいしく」「楽しく」が基本

　ユニットのキッチンで食事を作ることだけに目が向いていませんか。入居者の目の前での調理は、においや音、準備する風景などで食欲が増す効果があります。しかしそれが、おいしくない料理だったらどうでしょう。せっかくの楽しみが台無しです。

　食事は「おいしく作れるのは誰か、その人がどこで作るのか」が基本です。人によりおいしいと感じるものは異なり、食べる量や食べたい雰囲気も異なります。その個別性を大切にして、どのようにすればよいのかを考える専門性をもちたいものです。

尊厳を保つ排泄ケアには、データ・根拠

　排泄は、場所や状況にかかわらず、「誰にも知られずこっそりとしたい」と誰しもが思います。排泄を介助してもらうという決断をする勇気は並大抵のものではありません。排泄のお世話になりたくないという理由で、水分の摂取量や食事量を減らしている高齢者もいます。そのような思いを少しでも理解してサポートしていくためには、根拠（排泄データ）に基づいた適切な時間と排泄用品の対応が必要です。それに、プライバシーの配慮も欠かせません。排泄交換をしたことが周りに悟られない方法、たとえば、排泄の備品等を買い物袋やトートバッグに入れて持ち歩く工夫が必要です。くれぐれも、排泄交換カートを使っておきながら、「プライバシーを守るケアをしている」とは言わないように気をつけましょう。

睡眠は、健康な身体の源

　「睡眠負債」という言葉が話題になっています。日々のわずかな睡眠不足が借金のように積み重なり、病気のリスクを高め、日々の生活の質を下げている状態をいいます。毎日6時間の睡眠が2週間続くと、2晩徹夜したのと同じ脳の状態になり、日々の活動の質が大幅に低下してしまうそうです。そのくらい睡眠は健康な身体の維持に大きな役割を果たしています。

　皆さんは高齢者の睡眠を排泄交換や体位変換で2時間おきに妨げたりしていませんか？　排泄交換の必要性は理解できますが、眠りを妨げない方法を専門職として考えてみましょう。具体的方法はここでは割愛しますが、しっかり実践できている施設は実際にあります。

5 24時間の暮らしを保証する（システム）

　施設介護は、職員がチームとなり、入居者の24時間をサポートしていますが、サポートする職員によって入居者の暮らしが変わっては入居者が大変です。どの職員も同じようにサポートするためのチームケアの仕組みづくりとして、情報の伝達と共有のシステム化が欠かせません（**図表1-14**）。その具体的手段として、記録・会議・ミーティングがあります。

図表1-14　24時間の暮らしを保証するシステム

- 職員1人は8時間のかかわり　→　入居者の1日（24時間）＝8時間×3人
- 「食べて」「出して」「寝起き」　→　他職種との連携

コラム
ユニットケアでは、入居者一人ひとりの暮らしを知り、サポートする

　「朝ごはんは、毎日トーストがいい。夕飯は必ずおそば」
　こんな入居者がいたらどうでしょう。「時間軸で意向・好みなど聞かなければよかった」と思う介護職がいるかもしれません。
　ユニットケアであれば、10人前後の入居者のうち、こうした要望をもつ人は何人いるのでしょうか。多くても2人程度でしょう。2人分のトーストを作り、2人分のおそばを湯がくのは、ほんの数分でできます。ユニットごとのキッチンでは大した手間もかかりません。
　これが少人数ケア体制のメリットです。入居者も今までの暮らしを継続することができます。また、人の暮らし方はいつも同じではありません。日を重ねるうちに好みも変化していきます。

6 個別ケアの実践

個別ケア実践には、下記の3つの視点が重要です。
- ❶少人数ケア体制を整える → 生活単位＝介護単位
- ❷入居者に合わせた働き方をする → ユニット（グループ）ごとに勤務表を作る
- ❸入居者の暮らしぶりを知る → 24Hシートの活用

❶生活単位＝介護単位（固定配置）

図表1-15のように、固定配置のメリットは「いつもの人」だから、顔なじみで安心感があり、きめ細かなサービスが提供できることです。そして、「いつもと違う」些細な変化を見落とさないサポート体制を組むことができます。

今後入居者は、認知症や身体状況が重度化した人が多数を占めます。自分のことを自分で言えない、自分のことが自分でできない人の些細な変化を読みとるには、「いつもの人（職員）」でなければできません。

グループホームも同様の理由から固定配置になっています。入居者一人ひとりに対応するには、固定配置が大切なのです。

図表1-15　固定配置の効果

図表1-16　人員配置の検証

人員配置 （1ユニット10人の場合）	2：1	3：1
職員数（常勤換算）	5人	3.3人
1か月あたりの総労働者数	5人×30日＝150人	3.3人×30日＝99人
1か月あたりの公休	5人×9日＝45人	3.3人×9日＝29.7人
1か月あたりの夜勤者数（8時間夜勤）	15人	15人
総労働者数	150人－45人－15人＝90人	99人－29人－15人＝55人
1日あたりの日中の勤務者数	90人÷30日＝**3人**	55人÷30日＝**1.8人**

固定配置するためには、一定数の職員が必要です。**図表1-16**は、ユニット型施設に求められる2：1と国の人員配置基準3：1を比較したものです。1日あたりの日中の勤務者は3人と1.8人で大きな差があります。日中の勤務者数が3人としても常時3人いるわけではなく、朝は1人で、そのうち2人になり、昼食の時間帯で3人、夕食時は2人、就寝時は1人となるので決して多いとはいえません。

　入居者個々に豊かな暮らしを送ってもらうためには、昼間の職員数の確保が大切です。最低2：1の人員配置が必要です。

コラム
固定配置の運用と考え方

　職員を固定配置にすると、他のユニットとの連携がとれないと思い込んでいませんか？　職員の異動は、プロを養成し、組織の一員として活躍してもらうためには当然です。ただし、すべてのユニットの職員を大異動させるのではなく、年に1人ずつなど、顔なじみの関係性を保つ異動がよいでしょう（ユニットリーダーも同様）。

　また、急な欠勤が出た時は、隣のユニットに手伝いに行けないのかという相談も受けます。手伝いは問題ありません。1か月の日中の勤務のうち、およそ3割程度（たとえば、日中勤務日を15日とすると、5日程度）の手伝いは可能といえます。

　固定配置であれば入居者が何人いてもいいのかといえば、下の図のように、職員1人あたり可能な担当範囲があります。ケアの目標は「一人ひとりの暮らしの継続」なので、あまりにも担当範囲が広いと不可能です。

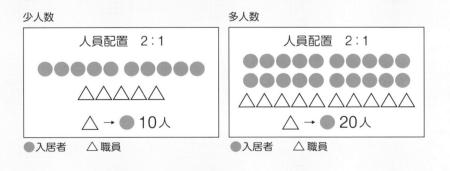

❷入居者の情報量の考え方

人が把握できる情報量には限界があります。**図1-17**のように、情報の全体量を500とすると、入居者数が50人の場合、入居者1人あたりの情報量は10になります。一方、入居者数を10人とすると、入居者1人あたりの情報量は50になります。入居者1人あたりの情報量の差は5倍にもなります。

このように、個別ケアは、入居者1人あたりの情報量を多くすればするほど、きめ細かなサポートに結びつきます。個別ケアにおけるケア単位は、担当する入居者数を少なくして、入居者の情報量を多く把握する取り組みが求められています。

❸ユニットごとに作成する勤務表

勤務表作成には、「入居者の暮らしに合わせる」と「日中の職員を多くする」という2つの視点が必要です（**図表1-18**）。

（1）入居者の暮らしに合わせる
● 24Hシートの一覧表の活用

入居者の暮しの根拠は24Hシートの一覧表で「データ化・見える化」されていますので、この一覧表をもとに「○時頃は○人」というように配置を決めます。

図表1-17 ケア単位の考え方

■情報量の差より、ケア単位を考える（例：情報量500）

集団ケア　　　　　　個別ケア
「50人×10／人」　　「10人×50／人」

個別ケアは、小さく分けなければ困難

■生活単位＝介護単位　→　担当制

図表1-18 勤務表の作成方法

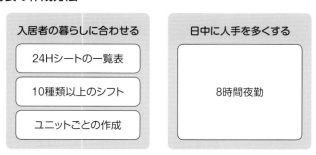

- **10種類以上のシフト**

　入居者の暮らしぶりはさまざまです。感冒が発生したとなれば、そのサポート内容は変わります。常に入居者の暮らしに対応するには、数多くのシフトを用意しておくことをおすすめします（**図1-19**）。その際の関係機関への届出と就業規則への掲載は必須です。

- **勤務表作成は、ユニット（グループ）ごと**

　入居者の暮らしは、そこに配置されている職員が一番よくわかっています。よって、勤務表作成はその介護単位（ユニット・グループ）ごとに作成することが効率的かつ合理的です。

（2）日中に職員を多くする

　個別ケアを実践するには、入居者が主に活動する日中に職員を多くする必要があります。そのために誕生した体制が8時間夜勤です。今までの16時間夜勤は夜間に2人区の労働ですが、8時間夜勤は時間が半減され1人区の労働となり、その分昼間に職員を多くするという取り組みです。これには、下記の3つの視点による体制つくりが必要です。

- **夜勤回数を4回くらいまでとする**
- **法定休日を守る**
- **夜勤時間は入居者が寝ている時間に設定する**

図表1-19 勤務シフトの例

① 6:00 〜 15:00	⑦ 9:00 〜 18:00	⑫ 11:30 〜 20:30
② 6:30 〜 15:30	⑧ 9:30 〜 18:30	⑬ 12:00 〜 21:00
③ 7:00 〜 16:00	⑨ 10:00 〜 19:00	⑭ 12:30 〜 21:30
④ 7:30 〜 16:30	⑩ 10:30 〜 19:30	⑮ 13:00 〜 22:00
⑤ 8:00 〜 17:00	⑪ 11:00 〜 20:00	⑯ 22:00 〜 7:00
⑥ 8:30 〜 17:30		

第2章
入居者の日々の暮らしを知る

1 24Hシートにおけるケアの視点

🔳 目指すケアの視点

　老人福祉法第17条・特別養護老人ホームの施設及び運営に関する基準（以降「運営基準」とします）第33条に示されているように、施設の目指すことは「入居前の暮らしと入居後の暮らしが連続した＝暮らしの継続」の場にすることです。暮らしを継続していくということは、誰でも、「今日は映画に行った。明日は図書館に行くつもり」というように、1日1日の暮らしの積み重ねで成り立っています。よって、暮らしの基本単位を「1日」と捉えてよいと思います。「暮らしの継続」を目指すには、具体的なケアの視点を各入居者の「1日（24時間）の暮らし」に向けていくことが大事です。

　では、「1日の暮らし」とはどういうことなのかを**図表2-1**を用いて説明します。図表上の時間軸は、自立している人の1日です。誰の手を借りなくても暮らしていけることを示しています。一方、図表下の時間軸では、1日24時間の暮らしの中で、自分でできないことが存在しています。誰かのサポートがないと暮らし続けられないこの状態が要介護の状態といえます。要介護者が暮らし続けるためには、自宅で住みながら介護を受けるか、それができないときは施設入居となります。

　入居者の暮らしのサポートとは、1日の暮らしの中で、入居者ができることやどこ

図表2-1 暮らしのサポート

に介護を必要としているのかを知り、入居者の好みを踏まえたうえでケアをすることです。このような利用者主体のケアを実践するために、ケアの視点を「1日（24時間）の暮らし」に向けていくことになります。

2 ケアの視点を暮らしのどこに向けるか

　1日の暮らしの中で大事にする生活行為は人によって違います。では、具体的に暮らしのどこに視点を向ければよいのでしょうか。

　「暮らし続けること」の基本は「身体」です。それも健康な身体です。健康な身体を維持するために必要なことを**図表2-2**に示します。赤ちゃんの成長を生活行為で追ってみると、おっぱいを飲み、うんちとおしっこをし、眠ることをひたすら繰り返すことで大きくなっていくことがわかります。このように、暮らしの基本は自分のペースで「食べて」「出して」「寝起き」をすることになります。

　また、高齢者福祉では「尊厳を支えるケア」を目指しています。人としての尊厳とは何かを考えると、前述の通り、最低限、自分のペースで「食べて」「出して」「寝起き」ができるということではないでしょうか（**図表2-3**）。

図表 2-2 人間は生まれてから「食べて・出して・寝起き」を繰り返して成長する

図表 2-3 生活行為は入居者のペースで

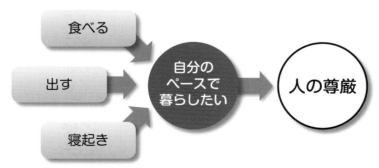

暮らしの継続を目指すときのケアの視点は「1日（24時間）の暮らし」に向け、その1日の暮らしの中でも「食べて」「出して」「寝起き」の生活行為を、その人自身のペースで暮らしてもらうことが基本となります。

❸ 入居者に暮らしを尋ねる際の視点

　施設に今日から新しい入居者がきたとします。これから新入居者の暮らしの継続のサポートをするわけですから、入居者からいろいろ教えてもらわないとなりません。さて、どのようなことを尋ねますか？

　まずはじめは、「今日から、施設に入居されて、どのように過ごしていきたい（暮らしたい）ですか？」と尋ねると思います。ここで重要なのは「今日から、1日1日をどう過ごしていきたいか」であって、「今までどう過ごしてきたか」ではないのです。新入居者から返ってくる答えとしては、過去の経験が多いかもしれません。それでも、現在の希望を尋ねることが、ケアの視点として重要です。

> **コラム**
> ### ケアの視点が腑に落ちていますか？
>
> 　「24Hシートやケース記録には、何を書いたらよいでしょうか？」という質問は、研修を行うと毎回といっていいくらい寄せられます。何を書いたらよいかわからないのは、ケアの視点が腑に落ちていないから、言い換えれば、「自分達の仕事は何か？」ということが腑に落ちていないからではないでしょうか。
> 　私たちの仕事は「暮らしの継続」のサポートです。そのためにケアの視点を「1日の暮らし」に向けます。その暮らしの中でも「食べて」「出して」「寝起き」を基本として、それに「入浴」を加えたものから始めましょう。

2 介護現場でこんなことありませんか？

● 職員によって、朝の声かけの時間が異なる

　入居者のAさんからこんな話を聞かされました。「職員のPさんは、私が目を覚ますのを見計らって部屋に来てくれます。でもWさんは、7時に起こしに来て、すぐに着替えをさせて、リビングで皆と一緒に朝食を食べるようにしてきます。日によってやり方が違うのだけど、私の暮らしたいようにここでは暮らせないの？」

　これは職員によって異なるサポートをしている例です。職員たちで入居者の情報をもち寄ったことがありますか？　案外、細かなところで違いがあるはずです。

● 家族から「伝えたはずなのに」と苦情が出る

　入居者Bさんの家族から、こんな話を聞きました。「入居面談の時に『朝ごはんはいらない』と相談員に伝えておいたはずなのに、いつも朝ごはんの時に起こされると、うちのおじいちゃんが言っています。面談の時の話が全然伝わっていないではありませんか。この施設はどうなっているのでしょうか？」

　これは、家族からの伝言が伝わっていないケースです。また、家族の問い合わせにも、「担当者がいないのでわかりません」と答えてはいませんか？　情報は、伝えているようでも意外と伝わっていないものです。

　どのケースもよくある話ですが、これがなかなか改善されません。この結果、最も迷惑をこうむるのは入居者です。

　どうしてこのような事態が起こるのでしょうか。それは、情報を共有する仕組みがないからです。

　情報を共有するためには、以下の3つの考え方が重要です。この3つを可能にする仕組みが24Hシートです（図表2-4、2-5）。

- 文字にする（誰にでも伝わる）
- 職種間で一元化した書式にする（多職種間で共有できる）
- 簡潔にする（伝わりやすい）

図表 2-4 24Hシートの必然性

●一人ひとりの暮らし方を教えてもらう

●暮らしをサポートするには、各入居者の暮らし方を教えてもらわないと仕事にならない

●24Hシート

図表 2-5 24Hシートの例

時間	生活リズム	意向・好み	自分でできる事	サポートの必要な事
0:00				
7:00〜7:20	○目覚め ・テレビを観る ・電気をつける	・目が覚めてもベッドに15分ぐらいは入っていたい	・テレビ、電気をつける	・7時15分ぐらいに、起きるかどうか声をかけて確認する
	・ベッドから起きる		・身体を起こす ・座位保持 ・車いすに移る	・朝は立ち上がりが不安定なことが多いので、座るまで腰部を手で支える
	・トイレに行く	・起きたらすぐにトイレに行きたい	・車いすに移る ・手すりにつかまり立ち	・ズボンを下げる ・パッド交換 ・ズボンを上げる
	・着替える	・朝食時は寝衣にカーディガンを羽織りたい	・着替え（上衣のみ）	・どのカーディガンを着るか声をかけて確認する ・ズボンの交換をする
	○洗面 ・顔を拭く ・歯磨き ・髪を整える	・湯で絞ったタオル	・顔を拭く	・湯に濡らしたタオルを絞り手渡す
		・歯磨き粉は○○の銘柄 ・うがいはぬるま湯がよい	・歯磨きとうがい	・うがいの声かけ
			・整髪	・カーテンを開ける
	・リビングに行く		・テレビ、電気を消す ・リビングまで車いすを自走する	
7:30	・リビングでテレビを観ながら、牛乳を飲む	・ニュース番組が見たい	・テレビをつける	・テレビのリモコンを手元に置く
		・温かい牛乳が好き	・牛乳を飲む	・レンジで牛乳を温め、手元に置く

※○…ケアプラン項目

3 24Hシートとは何か？

1 24Hシート誕生の背景

　ユニットケア研修が開始されたとき、「個別ケアを実践するにはどうしたらよいか？」「その人を知るにはどうしたらよいか？」を考え抜いて生まれたのが24Hシートです。現場目線かつ現場初のアセスメントシートです。24Hシートを活用するにつれ、アセスメントシートだけではなく、施設運営等にも役立つものになりました。

2 アセスメントの必要性

　「暮らしの継続＝個別ケア」の実践は、入居者一人ひとりの生活を知らないとできません。医療の例で考えてみます（図表2-6）。たとえば、胃痛で受診したとします。医師は、問診に加え血液検査やX線、CT等、多種の検査をして、診断と治療方針を決めます。そして、治療を開始する際には、本人や家族の同意を得たうえで進めていきます。治療中は、状況に合わせて検査を繰り返し、経過（変化）を見ていきます。このように根拠をもって治療にあたりますので、同じ病名であっても患者一人ひとりの治療は異なります。

図表2-6　アセスメントにおける医療と介護の違い

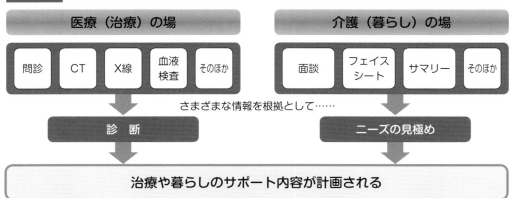

介護も医療の経過と同様かと思います。状況がまったくわからない人が入居するのですから、一体、どんな暮らしをしたいのか、好みや習慣、身体的特徴等をアセスメントしないと、サポートはできないはずです。身体状況はいつも同じではありません。加齢や疾患とともに変動するので、日々確認しないとわからないのです。このようなアセスメントから導かれる介護方針も、本人と家族の同意を得たうえで進めます。

このように、アセスメントをするからこそ、入居者一人ひとりに向き合うことができます。そこで、大事なことはアセスメントで「何を知るのか？」です。「暮らしの継続」を目指すには「1日の暮らし」を知る必要があります。

3 24Hシートの考え方

24Hシートの理論と構造は**図表2-7**の通り、「時間」・「生活リズム」から「自分でできる事」までの項目は、入居者が1日をどう暮らし、どんな意向があり、どこまで自分でできるかの情報を集める、つまり多職種（チーム）によって行う「24時間軸の暮らしのアセスメント項目」です。「サポートの必要な事」は、アセスメント結果より多職種（チーム）でどのようにサポートするか決定した「24時間軸の暮らしのケアプラン」になります。この情報に基づいたサポートをして、その結果をケース記録（実績）に記すことで、24Hシート（見積）との比較がモニタリングにつながります。

図表2-7 24Hシートの考え方

目的：入居者の1日の暮らし方の詳細な情報を得る・知る

時間	生活リズム	意向・好み	自分でできる事	サポートの必要な事
7:15	リビングでテレビを観ながら、牛乳を飲む	・ニュース番組が観たい ・温かい牛乳が好き	・リビングのテーブルまで車いすで自走 ・テレビをつける ・牛乳を飲む	・テレビのリモコンがテレビの近くにあることを確認する ・レンジで牛乳を温め、テーブルの上に置く

■24時間の暮らしをアセスメント
入居者がこれから先、どのように暮らしたいのか、その暮らし方を本人（家族）に教えてもらう
→ニーズを知る

■24時間軸の暮らしのケアプラン
自立支援に基づき、入居者が24Hを暮らすためのサポート方法を書く
→ケアプランにする

■24時間の暮らしぶりのケース記録へ　結果を書く → モニタリング

4 24Hシートの特徴

❶アセスメントシート

　24Hシートの特徴は、ケアの視点を「1日の暮らし」に設定していることです。これまでは、障害・疾患（課題）に対して、自立を支援する「課題解決型」の視点が多かったと思います。24Hシートでは、はじめに入居者が「1日どう暮らしたいか」、「どう暮らし続けたいか」を見て、次に、障害・疾患等さまざまな状態を見るという考え方です。ですから、どんな人にも対応でき、どんな施設形態でも活用でき、在宅ケアにも応用できます。

❷多職種協働（チームケア）

　24Hシートのもう一つの特徴は、多職種協働（チームケア）の実践が自然とできる構造になっていることです。施設ケアでの大きな悩みの一つに、多職種協働がうまくできないことがあります。それは多職種が共にかかわる作業がない、言い換えれば、多職種が共に作業をしないとサポートができないという状況自体がないからです。良し悪しは関係なく、それぞれの職種が個々にかかわれば済んでしまう構造が施設ケアにはあります。ケアの質を上げ、専門性を高めるには、多職種による相乗効果を生み出すことが必要です。24Hシートには、聞き取りや「サポートの必要な事」の作成に、多職種が協働しないとできない構造が組み込まれています。

❸運営・経営の根拠

● **人員配置の根拠**

　どのような事業でも、人数を集めるだけで事業が回るわけではありません。目標達成のために、どんな作業があり、どのくらいの仕事量があるかを見極めてから、適正に人員を配置します。介護も同様です。どこにどんなニーズがあるか、目標とする24時間軸の暮らしのサポートに沿った情報を基盤にして人員配置をしないと無駄が生じます。24Hシートの一覧表は人員配置の根拠となります。

● **品質保証の根拠**

　飴一粒の購入でも安くておいしいものを選ぶように、費用と品質の関係は、とても大事なことです。高齢者施設では、今までどのようにして品質保証をしていたでしょうか？「介護は文字に表せない」と言われた時代もあり、うやむやにしていたのではないでしょうか。24Hシートでは、どのようなサポートをするのかが明文化できます。「ケアの見える化」が品質保証の根拠になります。

● 備品等の経費の根拠

　企業では経営が悪化したときにまず行うのは、無駄の確認です。総論ではなく、一つひとつの経費をつぶしていきます。それと同じように一人ひとりの状態を24Hシートで追い続けることで、必要なことと不必要なことが明確になり、その結果、備品等の経費の削減につながった施設は多くあります。

● 職員の安全・安心の根拠

　入居者の情報がないと1人勤務は不安になりますし、多人数が勤務していたとしても、「ケアの見える化」がされていなければ、見落としから事故につながってしまいます。24Hシートによって入居者一人ひとりの暮らしぶりをデータ化し、それに対応した人員を配置することによって、かゆいところに手が届くようなきめ細かいサービスが展開できます。これが、職員の安全・安心の根拠となります。

コラム
排泄用品経費

　ある施設で、事務室から「今年は、排泄用品代を2割削減させるぞ！」という通達がありました。その経費削減の手段は「とにかく無駄に使うな！」や「安い製品はないか？」だったそうです。手段はこれでよいのでしょうか？

　価格は安いけど、吸収量が少ない用品になったため、現場では「失禁対策で2枚使いにしよう」とか「夜中に失禁が多くなり、シーツや寝具まで交換することが増えた」など、反対に排泄用品の使用量や人件費が増えることにつながっていました。

　ここで大事なことは、入居者一人ひとりの1日の暮らし（排泄の量とリズム・疾病）のデータに基づいた製品を用いることです。施設全体では、排泄用品の種類は多くなりますが、失禁等のサポート回数は減り、排泄用品の使用量も減ります。24Hシートによって一人ひとりと向き合った結果、無駄の削減が実現できます。

4 24Hシートの活用方法と効果

　24Hシートはアセスメントだけではなく、❶〜❹に示す通り多くの活用方法と効果があり、施設運営全般にまで活用できるツールです（図表2-8）。

❶理念を実践するツール……目指すものが明確にできる

　ユニットケアの運営理念は、運営基準第33条で「入居前の居宅における生活と入居後の生活が連続したものとなるよう配慮」と示されているように、施設を「暮らしの継続」の場にすることです。その実践のために、各施設では施設理念を掲げています。

　では、その理念を実現するためには、具体的に何をどのように実践していったらよいでしょうか。図表2-9で示すように、入居者の「暮らしの継続」をサポートするためには、まずは「入居者が施設において、今日からどのように暮らしていきたいか」を知らないとサポートはできません。

　24Hシートは、その「1日をどのように暮らしていきたいか」、そして「その先どう暮らし続けたいか」という情報を得るためのツールとして存在します。

❷チームケア実践のツール……情報の一元化・共有を図ることができる

　入居者をサポートするには、どの職員も自分なりに入居者の情報をとります。しかし、情報のとり方（取得する項目等）や書式は統一されているでしょうか。職員個人に任せていることが多いのではないでしょうか。

　せっかく集めた情報も、職員によってばらつきがあっては、統一したケアには役に立ちません。バラバラのサポートをされては、入居者はたまったものではありません。そこで、24Hシートを活用すると、入居者から伺った1日の暮らしぶりから職員が行うサポート内容までを書き記し、「見える化」されますので、情報の共有を図ることができます。

　24Hシートは、情報を共有するためのツールとしての役割をもちます。

図表 2-8　24Hシート導入の効果

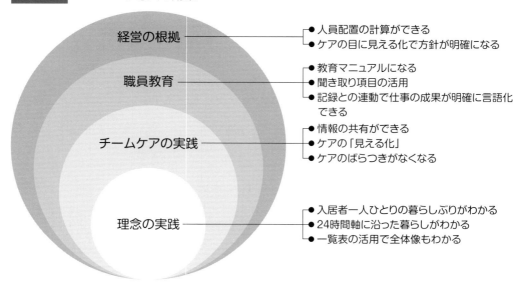

図表 2-9　ケアの理念と目標

❸職員教育のツール

● するべきサポート内容を聞き取り項目で具体的に言語化し、ケアの標準化が図れる

　最近の子育て・教育関連書籍には「教えるとは、具体的に指し示すこと」と書かれています。それでは高齢者施設で「暮らしのサポート」を展開する際、「朝ごはんのときのお茶は何がよいか」「歯磨きはいつしたいか」「洗面後の化粧水は何をつけているか」等の具体的な内容を把握しているでしょうか。「利用者本位」や「プライバシーを守る」等の概念は教育していても、具体的なサポート内容に当てはめて教育しないと現場は変わりません。

　管理者の悩みの多くに、「職員の質がバラバラで困る」ことが挙げられますが、朝のサポートから夜中のサポートまで、事細かに具体的なサポート方法を教えていたでしょうか。大筋は教えていたが、後は職員個人に任せていなかったでしょうか。

　電車の発車に際し、駅員は「行先OK、ドアOK…」というように指さし確認を行

います。これは、発車するための最低限の作業の確認をしているのです。介護においても同様のことが求められています。

　24Hシートの聞き取り項目は、朝の目覚めから就寝まで、サポートする内容を細かに網羅したものです。必要最低限のサポート内容を示しているので、「指さし確認」と同様です。この情報を基にサポートを展開することで、ケアの標準化と教育が可能になります。

- **職員のケアの状況がわかる、これから何を指導していけばよいのか課題がわかる**

　24Hシートの個々のデータを一覧表にすると、職員の行っているケアの状況がわかります（図表3-25参照）。明らかに、一斉のケアと業務中心のケアが行われていることがわかるでしょう。

　また、24Hシートを担当制で作成してもらうと、どこまで深く掘り下げているか、ケアの視点で抜けているところはどこか、他職種などのチームの連携はとれているかなど、担当者のケアの質や知識、技術、チームの連携力もわかります。

　職員のよいところと課題が、個別に明確になるので、個別指導もしやすくなります。

❹運営・経営の根拠のツール…データ化によって根拠に基づいた運営ができる

　「いかに職員を集めるか」という介護分野の人材不足は、どこの施設でも頭の痛い話です。しかし、ただ人がいないというだけではありません。施設の人員配置に根拠はあるでしょうか。どのユニット・フロアも同じ人員配置をしていないでしょうか。

　人員配置は、「どの時間にどんなサポートがあるから〇人必要」という考え方が基本です。単に人数だけでなく、「介助が必要とか、見守りだけでよい」というようにサポートの仕方も多様であり、それに対する職員の働き方も多様な時代になってきています。根拠を明確にした人員配置によって、経営の合理化を図ることができます。

　また、「残業が多いが、どうしても減らない」という問題は、実際どこに人手がかかっているのかを分析して、適正配置（労働分散）しないと解決には結び付きません。そのためにも、細かに入居者の暮しぶりをデータ化して、必要なサポート量を見積もっていくことが基本です。24Hシートの一覧表はその役割を果たしてくれます。

　それに、顧客満足度と経営の視点は切っても切れない関係にあります。たとえば、食事にかかる経費です。食事回数やおやつまで含めて入居者の食事量をデータ化することで、入居者本人の意にかなった食事提供になり、結果として、残食量が減り、無駄もカットできます。同様に、排泄用品の経費においても、データ化によって全体で2割カットができた例があります。このように、無駄の削減と利用者満足度の向上を図り、健全な運営・経営をするには、入居者一人ひとりのデータを活用していくことが求められます。

5 事例とデータから見た24Hシートの効果

　24Hシートに取り組むには、どんな効果があるのか具体的にわからないと、「やってみよう！」とは思わないかもしれません。そこで、24Hシートの効果を、具体的な事例（日本ユニットケア推進センターのユニットリーダー研修実施施設のデータ等）をもとに説明していきます。

■1 事例から見た24Hシートの効果

　ここでは、3つの事例から24Hシートの効果について考えていきます。

❶ショートステイの利用者

　Pさん（男性）は、インスリン注射をしています。Pさんは冬のショートステイ利用時になると、なぜか夕食前に倒れてしまう状態が続きました。職員は、インシデント用紙を書いて検討・対応しますが、改善されません。

　そこで、24Hシートを作成して暮らしぶりをみました。すると、Pさんは老夫婦世帯で、日の出と日没にあわせた暮らしを送っていました。夏の夕食は19時頃、冬の夕食は17時頃という生活をしていることがわかりました。施設では、夕食の時間は夏でも冬でも18時頃なので、家と施設での暮らしのリズムに差があり、冬は低血糖で倒れる事態が発生していたのです。

　また、嚥下状態がよくなかったため、自宅では奥さんがマヨネーズでとろみをつけた食事を出していることもわかりました。施設ではとろみ剤でとろみをつけますが、マヨネーズと比べてカロリー量に大きな差があります。これらは、時間ごとの暮らし方を詳しく調べなければわからなかった情報です。

　ショートステイで24Hシートは有効なのかという質問をよく受けますが、Pさんの事例のように、その有効性は非常に高いです。1泊2日の利用者もいることから、24Hシートの導入に二の足を踏むかもしれませんが、特に自宅での暮らしぶりを知らなければ、ショートステイでのサポートは難しいです。とはいえ、一度データをとれば、再び利用する際は変更事項の記載だけで済むので、簡単に利用に結びつけることができます。

ショートステイの利用者には事前面談を行いますが、その時に24Hシートの項目もあわせて伺っておくとよいでしょう。

❷認知症のある入居者

　皆さんは、認知症のある入居者のなかで「A介護職だと落ち着くけれど、他の職員が対応すると落ち着きをなくす」人にかかわったことはありませんか。A介護職はどんな声かけや対応をしているのでしょうか。

　たとえば、見当識障害のあるKさんがいます。Kさんは「ここはどこだ」と不穏になることが多いようです。特に朝の目覚めのときに、その症状が強く現れます。

　目覚めの時に「Kさん、おはようございます。Kさんの部屋は、明るくて素敵に飾られていますね」と、ここはKさんの部屋ですよというメッセージを伝えると、Kさんは落ち着きます。

　一方、「Kさん、おはようございます。今日はいい天気ですね」と何気ない朝のあいさつだと、「ここはどこ？」という不穏な気持ちの解消にはつながらないようです。

　そこで「朝の目覚めには、Kさんの部屋であるというメッセージを伝える」ことを、24Hシートの「サポートの必要な事」欄に記載してケアを統一すると、Kさんは次第に落ち着きます。

　認知症のある人のサポートは、入居者本人も不安でしょうが、サポートする人も「これでよいのか」という不安の中で対応しています。

　認知症のある人には、こうした細かな配慮のあるサポートが欠かせません。24時間の軸に沿った生活行為ごとに「言葉がけや対応をどうするか」という細かな情報を共有するのは大変です。このような時に、24Hシートが役に立ちます。

❸リスクマネジメントへの活用

　次に、リスクマネジメントの視点から、24Hシートの効果を考えます。

　入居者の中に、転倒しやすいJさんがいるとします。Jさんが転倒すると、事故検討委員会やリスクマネジメント委員会でこれからの対応を考えます。

　なぜ転倒してしまうのか。委員会では心理面と身体面から検討し、いすやベッドの高さ、杖の具合など用具の安全性も検討するでしょう。さらに、見守りはできていたかなど、職員の体制の検討もするはずです。

　これで対策は万全でしょうか。特養の入居者は、多くが要介護3以上で身体に何らかの疾患や障害をもつ人です。朝の目覚めの時はトイレまで歩けないけれど、昼間ならば歩ける入居者がいるように、時間や季節によって体調の差は大きいものです。

　皆さんは、入居者の身体状況の日内変動を把握してサポートに当たっていますか。

24Hシートでは、朝のベッドから車いす、車いすからトイレへの移乗、昼間のトイレへの歩行というように、24時間の暮らしに沿ったすべての行為に対して「意向・好み」「自分でできる事」「サポートの必要な事」を把握、記入します。これが、すべての生活行為に対するリスクマネジメントになります。入居者のリスク管理は、入居者の1日の生活行為を細かに分析し、その対応を考えることが大事です。

2 データから見た24Hシートの効果

❶入居者・家族への効果

図表2-10の通り、24Hシートの入居者への効果として、「自分のペースで生活できるようになったこと」「いつも同じケアを受けることができること」が挙げられます。暮らしの継続を目指すときは、この実践ができないと意味がありません。個別の事例を読んでいただくとわかるように、入居者それぞれの暮らしぶりが読んで取れます。まさに個別ケアが展開されているということです。

家族から「面会に行く時間を絞ることができた」という評価の声があります。せっ

図表2-10　24Hシート導入後の変化（入居者・家族）

1) 自分のペースで生活できることによって
 - ●食事がしっかりと食べられる
    食べたいものなどを職員に言ってくれるようになる
    体重の増加（増加しすぎの方も!?）
 - ●夜の時間もそれぞれに過ごす
    夜2時頃までテレビを観る入居者も
    夜の時間、仲良しの入居者の部屋で
    熟睡できている

2) いつも同じケアを受けることができる
 - ●出勤職員を気にしなくて済む（職員に無駄な気を使わない）
 - ●自分のペースを守ってくれる
 - ●声かけが多くなった
 - ●認知症のある人への声かけ等も統一でき、不穏になることが減った

3) 家族からの声
 - ●以前に比べてとても表情が良くなった
 - ●いつも寝ているイメージだったが、レクリエーションに参加などして楽しそう
 - ●103歳で外食なんて考えてもいなかった。しかも、こんなに食べるとは!
 - ●面会に行く時間を絞ることができた（起きている時間が24Hシートでわかった）
 - ●今年は、入院せずに1年を過ごせた（以前は毎年1～2回入院していた）

※図表2-10のデータは某施設が24Hシートを導入して明らかになった効果をまとめたものです

かく面会に来たのに、入浴していてゆっくり話もできなかったとしたら、家族は「何で施設は教えてくれていないのか？」と施設に対して不信感を抱いてしまうこともあります。入居者がどのように1日暮らし、サポートを受けているかが明確になることで、家族も安心して委ねてくれるでしょう。

❷職員への効果

やることが明確になると、責任感も生まれ、ケアの標準化もできます（**図表2-11**）。特に入居者に対して何を取り組んでいくか、それは誕生日祝い一つとっても大事な取り組みです。それが指示待ちの姿勢から自発的に動けるようになることは、職員の自律に結び付きます。また、職員の配置においても、急な欠員の対応、急な事態、どうしてよいか悩む対応にも有効です。

❸施設運営への効果

数値的変化として、事故（ケガ）の発生率減が挙げられます（**図表2-12**）。

導入前は240件の事故が、導入後には半数以下の98件に減少しています。しかし、反対にヒヤリの件数が100件程度から1560件と約15倍に増えています。これは、24Hシートで各入居者の1日の暮らしで気をつけることを見える化したことにより、気づきが多くなり、その結果事故が少なくなったといえます。

図表 2-11 24Hシート導入後の変化（職員）

1) 責任感
- 担当入居者への思いがより一層強く感じられるようになった
- 誕生日等をきちんと計画を立て進められるようになった
- プラン説明等、ケアマネジャーよりも細かに伝えられるようになった

2) ケアの標準化
- ばらつきのあった介護が統一されるようになった（小さい単位の効果を感じる）
- 小さな変化に対し、短いミーティングが多く開催されるようになった
- ユニット会議の内容に変化がみられた
- 他職種に対し、意見を求める場が増えた

3) 急な欠員等の対応
- 協力ユニットとの調整が容易になり、残業が減った
- 感染症発生時等、他職種が入っても同様のケアが提供できる
- 感染拡大が防げる

4) 人員の効率運用・配置
- 新入職員採用時等、指導時間の削減・統一した指導が行える
- 一覧表を使用することで、効率の良い配置が行える（無駄な配置が減った）
- ヘルプ体制に無駄がなくなった

※図表2-11のデータは某施設が24Hシートを導入して明らかになった効果をまとめたものです

図表 2-12　24Hシート導入後の数値的効果

事故（ケガ）の発生率減

導入前　事故が起きてからの対策となりヒヤリハットも意味がない状況
骨折件数も多く、事故報告の内6割程度が転倒等の報告

導入後　事故に対し、事故前のかかわりを見直すことができた。また、ヒヤリハットがいかに重要かを理解することで事故が減少

数値

	平成18年度	平成24年度
年間事故報告件数	240件（骨折5件）	98件（骨折1件）1月末時点
事故報告内容	転倒6割・服薬関係3割・その他1割	転倒3割・服薬関係2割・その他5割
年間ヒヤリ件数	100件程度	1560件程度

職員の時間外労働申請減

導入前　重点を絞り込めず、重複した仕事を行っていた

導入後　重点項目が理解できたことで効率が上がり時間外労働が減った

数値

	平成18年度	平成24年度
一般職	月平均60時間	月平均13時間
リーダー職	月平均80時間	月平均20時間

※現在は、緊急事態以外夜勤明けの残業はゼロ。

コール回数減

導入前　職員の時間帯で働くことが多く、リズムを崩していた
常にどこかのユニットでコールが鳴っている

導入後　何を必要としているのか見えてくることで、事前に声をかけることができる

数値　24Hシート導入前に比べて減っている

おむつ代減

導入前　一定時間での交換により失禁も多く、おむつも予測での発注

導入後　1人1人の間隔・量等の把握により必要な数が割り出せた

数値

	平成18年度	平成24年度
おむつ代	1カ月平均　約626,800円	1カ月平均　376,094円

参考：入居定員　80名／平均介護度　3.72（平成18年度　3.10）

残飯減

導入前　自分のペースで食べられないため、残飯も多く出た

導入後　自分のペースで食べることができるため、よく食べてくれる

数値　データはないが全体的に残飯減・体重増となっている

職員指導にかかわる時間減

- **導入前** 1日指導で終えてしまう日もあった… 口癖)基本だよ！ なんで！ 改善して！
具体的な根拠をもたず指導していた
- **導入後** 24Hシートを活用しながら施設方針等も指導内容に盛り込める
- **数　値** 時間数には、大きな時間の変化はない。ただ、指導から見えてくる職員の悩みや問題などを早期発見、解決に結びつけるための時間に変化
無駄な時間ではなくなっている！

職員の移動歩数減

- **導入前** 無駄な動きが多く、とにかくウロウロ
- **導入後** 必要な動きが明確となる。無駄な動きが減った
- **数　値** データなし

離職率減

- **導入前** 平成18年度　常勤・非常勤　26.4%
退職理由　・自分が思い描いていた介護が行えない
　　　　　・今後、続けていくにしても不安
　　　　　・職員関係
- **導入後** 平成24年度　5.1%

入院者数減

- **導入前** 一律の日課のもとで、心身の状況変化に気づくことができた。誤嚥性肺炎による入院者が多い
- **導入後** 変化に気づくことが早くなり、入院せずに完治することが増えた
自分のペースでの食事が摂れるようになり、誤嚥性肺炎での入院数が減
- **数　値**

	平成18年度	平成24年度
入院のべ人数	42名	28名

※図表2-12のデータは某施設が24Hシートを導入して明らかになった効果をまとめたものです

なお、この事例におけるヒヤリは、事故等が起こりそうという意味のヒヤリではなく、注意すべき視点の明確化によって気づいたことを意味しています。

また、24Hシートは、人員配置の根拠となり、時間外労働の減少につながります。24Hシートは、あらかじめやるべきことが明確になる「ケアの見積書」です。コールが鳴ってからの対応ではなく、コールが鳴る前の対応ですので、コール回数も少なくなります。無駄な動きもなくなりますので、備品等の経費削減にもつながります。また、入居者のデータを明確にしますので、身体変化にも早く気づき、入院の減少にもつながっています。

図表2-13に示すように、管理者は介護現場とのコミュニケーションが密になり、情報の伝達・共有がスムーズになります。そして、職員配置についても、無駄のない効果的な配置になり、シフトパターンの増加などよって自律した働き方ができるようになります。

図表2-13　24Hシート導入後の変化（施設運営）

1) 管理職
   - 入居者のペースで時間が流れることで管理職のフットワークが軽くなった
   - ユニットへ行く機会が増えた
   - 施設方針（法人理念を含む）や方向性を伝える場が増えた

2) 申し送り・会議
   - 申し送りは、各階10分。目的をもって実施することができる。
   - 管理者会議は20分程度、ユニット会議は90分。どこに時間をかけるべきか明確になった。
   - 効率のよい会議運営ができた（議題の事前通達等）

3) 人員関係・配置
   - 開設から5年間…常勤換算2:1、現在は常勤換算1.8:1
   - シフトパターンの増加（開設から4年は常・非常勤11パターン。現在は38パターン）
   - 生活サービス課の設置（専門職を配置）
   - 有給休暇の取得率アップ（平成24年度は1人平均8日間取得）
   - リーダー候補といえる職員が増えた

第3章

24Hシートの作成とその流れ

1 24Hシートを導入するには（動機づけ）

❶ 24Hシートの作成と活用の手順

研修では「24Hシートは、どのくらい期間をかけるとできるようになりますか？」「24Hシートは作成できたのですが、活用ができないです」等の疑問がよく出ますが、その答えはずばり「24Hシートは、勉強しないとできない」です。
24Hシートが完成するまでには、手順を踏む必要があります。その手順の流れを図表3-1に示します。作成する際には、図にある順番に作成していくことをおすすめします。

❷ 導入までの方法

24Hシートを導入したいが、協力してくれる職員がいない、導入を始めたが立ち消えになってしまったなど、導入までなかなかうまくいかないことが多いようです。まずは、24Hシートを導入するという組織決定をし、理解している人を育成することです。下記の❶〜❽の通り、導入までの方法を考えてみました。

図表3-1 24Hシート作成と活用の手順

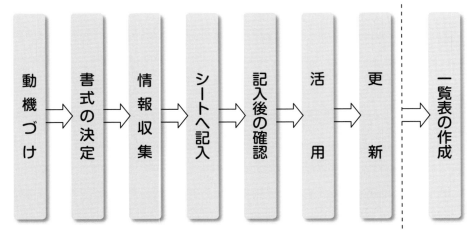

❶組織決定

　24Hシートの効果を理解し、施設として導入するかどうかの決定をしなければ、前に進みません。通常の介護に加えて24Hシートの作成に取り組むので、時間の組み立てなどで他職種の理解と協力が欠かせません。まずは、組織としての是非、特に管理職の理解と意識の高さが求められます。

　さらに、何事も取り組んでみようと思うのは、それがよい、素晴らしいと思えるからです。職員に24Hシート導入の理解を促すには、「どのくらい効果があるか」「何がよいか」を管理職自ら実感をもって語ることです（「第2章　5　事例とデータから見た24Hシートの効果」を参照）。旗を振り、組織を動かす管理職に実感がない限り「やらされ感」の負のスパイラルの職員集団になってしまいます。

❷24Hシートを理解している人の育成

　いざ導入しようとしても、「24Hシートとは何か？」「効果は？」「作成方法は？」等の疑問が飛び出し、立ち止まってしまう例が見受けられます。そこで24Hシートについてきちんと説明できる人の育成が、導入への一歩です。

　それには、ケアを理解し具体的に作成に携わることができる介護長や介護主任等の職務に就いている人、導入に興味をもつ人などでチームを作ることをおすすめします。また、介護職だけでなく、他職種も参加する必要があるでしょう。

　「皆が24Hシートを作成できるようになるまでどの位期間がかかりますか？」という質問に対しての答えは、「24Hシートを理解している人が施設にいますか？」です。どんなことでも理解している人がいれば、物事は進みます。皆がどんぐりの背比べ状態では、よいも悪いも判断できません。全員に対して勉強会をするには、まずは理解している人を育成してからです。

❸チームで勉強会や見学をする

　チームができたら、メンバーで勉強会を開催します。また、先進的に導入している施設を見学・学習し、効果を自分達の目で確かめるのも効果的です。

❹チームでモデルを作成する

　学んだ知識を元に、モデルを作成してみましょう。24Hシートの書き方・活用マニュアルを作成するとさらによいでしょう。自分の経験を元に作成するので、誰にでもわかりやすいものになります。

❺チーム主催で勉強会を開催する

モデルの作成ができたら、施設全体の勉強会を開催し、24Hシート導入の理解を深めましょう。その際は一般的な講義ではなく、グループワーク形式で開催し、疑問を出しやすくしたり、皆で考えることで理解が進むなどの工夫を取り入れましょう。手を動かす（実際に作成する）勉強会にするのが成功の秘訣です。

❻ユニットごとに作成をサポートする

次に、実際にユニットごとの作成に入ります。その時は、チームのメンバーでユニットごとに担当を決めて対応しましょう。誰に聞けばよいかわからないという状況では、せっかくの学びも無駄になりかねません。

❼作成後の振り返り

作成してみると、「聞き取り項目」はこれでよいのかなどという意見も出て、よさや無駄なこともわかります。一定期間を置いて、振り返りをしてみましょう。さらなるバージョンアップにつながります。

❽定期的に活用されているかを確認する

「24Hシートを作成したけれど活用されていない」この言葉を聞くとがっかりします。これは、スタートからつまずいているのです。導入の意味や効果を理解せずに作成していると、職員には「やらされ感」しか生まれず、他の仕事に対する士気も上がらないでしょう。

そこで、チームが責任をもって稼働状況を確認します。そして、課題解決のための次なる手を打っていきましょう。

3 導入前の確認

24Hシートを実際に作成する前に、作成前の確認をしてみましょう（図表3-2）。

ユニットケアの施設運営の指針は何でしょうか。運営基準の第33条に「入居前の暮らしと入居後の暮らしが連続したものとなるように……」とあるように「入居者が施設に入居しても暮らしが継続できるようにサポートすること」です。

「暮らし」とは、何でしょう。「今日1日を暮らし、明日も1日暮らし……」。暮らしとは、1日1日の積み重ねになります。

では、私たちのケアの視点は、どこに向けたらよいのでしょうか。

ケアの視点は「1日の暮らし」にあります。それでは、入居者の1日24時間の暮らしぶりを教えてもらうには、どうしたらよいのでしょうか。
　今までの施設ケアでは、各職員が自分なりに情報を収集していました。しかしこの情報はまちまちなので、情報の共有を図ることはできません。すべての職員が情報を

図表3-2　24Hシートを作成する前の確認

> 皆さんの決意はどちらですか？　チェックしましょう
> 　□ 絶対に作成してケアに活用する
> 　□ どちらともいえない
> 　□ 作成しない

コラム
導入に非協力的な職員

　24Hシートの導入をしようと提案した際に、「介護は排泄や食事のサポートができればよいのでは」「面倒な仕事が増えるだけ」「ただでさえ人がいないのにどうしてくれるの」など、反対勢力の攻撃にあったらどうしますか？
　「人のいないことは現実だし」と、思わず納得してしまいそうになります。確かに職員の労働環境を守ることは大切です。その労働環境の意識も含めた見直しが、24Hシートでは可能です。
　ある施設長は、あまりにも言われ続けるため「あなたたちは、入居者や職員のことを考えて行動できないのですか？」と投げかけてみたそうです。さあ、あなただったら……。

ある施設での24Hシート作成の話

　ある施設長の話です。
　管理者研修で、24Hシートの効果について学んできました。どうにか施設で導入してみたいのですが、職員にそのような動きは見えません。自分が24Hシートの勉強会を開く自信もありません。そこで、よいアイデアを思いつきました。
　「24Hシートを1事例作成したら、1000円のボーナスをあげよう」
　お金を払えばこぞって作成するかと思ったのです。結果はどうでしょう。反対に、辞める職員が続出してしまいました。
　「なぜ24Hシートを導入するのか」、その意味を明確にしなければ、いくらおいしそうな話をしても、飛びつく人は少ないのです。

共有してチームケアを展開するために、24Hシートを使います。

　この考え方は、ユニット型施設に限りません。介護が必要になった時、どこに住んでいても、誰にでも1日1日の暮らしがあります。入居者・利用者の情報収集をするために、24Hシートの活用をするので、いかなる施設でも、在宅でも活用できます。

4 導入のポイント

　24Hシートの作成にあたり、皆さんはすべての入居者のシートを一斉に作ろうと思うでしょう。しかし24Hシートは、そう簡単には作成できません。導入したものの、「とてもすべての入居者の分なんて作成できない」と思い、途中でやめてしまっては、それまでの思いや準備は無駄になってしまいます。24Hシートは、チームケアにとても有効です。挫折しないで完成させる方法・心構えのポイントは**図表3-3**の2つです。さらに作成に着手する際のポイントとして、**図表3-4**の4つがあります。

図表3-3 24Hシート導入の2つのポイント

- ①24Hシート作成の目的を職員同士で共有する
- ②施設全体で取り組む

図表3-4 24Hシート作成に着手する際の4つのポイント

- ❶まずは自分の担当者の分を作る
  （自分がわかっていないと他人にやらせるのは無理）
- ❷手を動かしてやってみることで作り慣れ、効果がわかる
- ❸最初から完璧なものにはならない
  （書き足すことができる）
- ❹どんなことがあっても24Hシートを作成しようという心構えをもつ

❶自分の担当者の分を作る

　まずは、自分の担当する入居者から作成してみましょう。できれば、自分でよくわかっている人から始めます。そうすれば、情報が得られるか得られないかを悩むことなく、筆を先に進めることができます。

❷手を動かすことで作り慣れ、効果がわかる

　いつもの身体を動かす介護と情報を集めることは違います。億劫と思いがちですが、まずは筆を取り、書き始めてみましょう。1つでも入居者の情報を書き込んでいくと、入居者のことがわかり、面白くなってきます。そうすることで、できるかな、大変だなと心配だったこともとりこし苦労だったと思えるようにになります。

❸最初から完璧なものにはならない

　最初から完璧なシートができることはありません。まずは、利用者の24時間の中で、自分のペースで暮らしたい項目や「食べて」「出して」「起きる・寝る」「入浴する」際の意向などを聞き、シートを埋めていきます。順次、他の生活行為についても加筆していきましょう。「書き加えていく」。このスタンスが大切です。

❹どんなことがあっても24Hシートを作成しようという心構えをもつ

　研修では、「24Hシートを作成しましたが、どのように活用したらよいですか」という質問を受けます。24Hシートを作成したのにケアに役立てない、そんなもったいない話はありません。何のための24Hシートでしょうか。

　皆さんは、作成までの所要経費を考えたことがありますか。作るまで何時間かかったでしょう。それについては、給与が払われています。つまり、人件費がかかっているのです。物には費用対効果（かけた費用に対してどのくらいの効果を生むか）があり、経営とは費用対効果を考えて営まれているのです。

　24Hシートを活用したケアで、入居者一人ひとりの暮らしをサポートできるようにすることが必須です。

　さあ、24Hシートの作成にあたって、皆さんは**図表3-5**のどちらの矢印を選びますか。「絶対ものにするぞ」と決意しましたか？

図表 3-5 あなたはどちらの矢印を選びますか?

24Hシートを作成する！

24Hシートはどうしようかな…？

コラム
24Hシートで見えてくるものがあると楽しくなる

　最初から完璧なものはできません。わずかな情報でも、皆で共有できたらどうでしょう。

入居者のAさんは、朝8時頃目覚め、朝ごはんはブルガリアヨーグルトとクロワッサン1個、オレンジジュースだけです。○○店のパンが好きなので、家族が日曜日と木曜日に持参します。

　たったこれだけの情報でも、皆で共有し、皆が同じようにサポートできたら楽しいと思いませんか。もっと違うことも教えてもらおうと思いませんか。

2 24Hシートの書式の決定

　24Hシートの理論は書式に表わされているといってよいでしょう。基本の「時間」から「サポートの必要な事」までの5つの項目はそれぞれ意味と役割があります。項目名の変更を勝手にして、本来の役割が達せられないのでは意味がありませんので、変更はしないようにしましょう。では、それぞれの項目の意味と役割を説明します。

　時間　　ケアの視点は「1日（24時間）の暮らし」です。それを表したものがこの時間の欄になります。1日単位ですので、始まりの時間は0時からになります。

　これまでの介護では「朝食は8時、ラジオ体操は9時30分、入浴は10時から」というように、生活行為に時間を当てはめてはいませんでしたか。こうした「時間」軸の使い方では、「〇時には〇〇をする」という日課になってしまい、入居者の暮らしに沿う「利用者主体のケア」ではなく、自分たちの「業務中心のケア」になってしまいます。必要なのは、1日の時間の流れの中にそれぞれの生活があるというとらえ方です。

　これを書き表すと「7時～7時30分。目覚め。」「8時～9時30分。朝食を食べる。」となります。人の暮らしなので、「〇時」というように時間ははっきりしていません。

　「時間」の欄がある最大のメリットは、入居者の身体の状態を日内変動に伴い細かにアセスメントできることです。介護を必要とする人は、何らかの障害や疾患を抱えています。この人たちは、「朝はリビングまで車いすだが、昼は杖歩行。夜はまた車いす」など、時間帯によって身体の状態が異なることが多いです。介護は、どのような状態でも入居者の状態にあわせてサポートする必要があります。「暮らしのサポート」のためにどのようなケアをすればよいのかと、ケアの方法論を論じがちですが、まずは入居者の状態、身体的特徴を知らないと、その方法論は本来のものにはなりません。そのためには、1日の24時間軸でしっかりと情報を収集する必要があるのです。

　たかが「時間」ですが、1日の時の流れに介護の視点を向けることが、入居者一人ひとりの暮らしに沿ったサポートには不可欠です。

　生活リズム　「生活リズム」には、時間の流れに対して、具体的にどのような生活行為をしているかを書きます。例えば7時から8時は「目覚め」、8時から9時は「朝ごはんを食べる」「朝食」など、読めば何をするのかが誰にでもわかる

生活行為を書きます。この欄の1日を追う（読む）と、その入居者が毎日をおよそどのように過ごしているのかをつかむことができるのです。1日の生活行為の全体像をつかむことは、暮らし方や生き方の理解につながります。

意向・好み　「意向・好み」は生活行為ごとの入居者の意向や好みを書く欄です。ケアの目標は「暮らしの継続」です。それぞれの入居者がどのようなこだわりをもって暮らそうとしているのか（暮らしていたのか）、何が好みで何が苦手なのかなどを尋ねて記載します。家族の意向があればそれも書きます。これは、入居者・家族の意向等を伺うことになりますので、老人福祉法第17条、運営基準第33条の「自律支援」を実践することにつながります。この情報に基づいてサポートすることで、初めて入居者の暮らしの継続をサポートすることができます。職員の一方通行のサポート（職員主導

図表 3-6 24時間の暮らしのデータ＝24Hシート

ケアの視点 1日	時間ごとの 暮らしぶり	暮らしの継続 自律支援	自立支援	サポート内容 チームケア
時間	生活リズム （暮らしぶり）	意向・好み	自分でできる事	サポートの必要な事
7:00 〜 7:20	○目覚め ・TVを見る ・電気をつける	・目が覚めてもベッドに15分くらいは入っていたい	・TV、電気をつける	・7:15くらいに起きるかどうか声かけ確認する
	・起きる		・身体を起こす ・座位保持 ・車いすに移る	・朝は立ち上がりが不安定なことが多いので、座るまで腰部を手で支える
	・トイレ	・起きたらすぐにトイレに行きたい	・車いすに移る ・手すりに掴まり立ち上がる	・ズボンを下げる ・パット交換 ・ズボンを上げる
	・着替え	・朝食時は寝衣にカーディガンを羽織りたい	・着替え（上のみ）	・どのカーディガンを着るか確認の声かけ ・ズボンの交換をする
	○洗面 ・顔を拭く ・歯磨き ・髪を整える	・湯で絞ったタオル	・顔を拭く	・湯にぬらしたタオルを絞り手渡す
		・歯磨き粉はR社のもの ・うがいはぬるま湯	・歯磨き・うがい	・うがいの声かけ
			・整髪	・カーテンを開ける

※○……ケアプラン項目

のケア）は、入居者の情報がないため、職員の思いや感覚によるケアが中心になってしまいます。業務優先のケアにならないためにも、「意向・好み」を記すことは必要です。

自分でできる事　ケアを提供する際に大切な視点の1つに「自立支援」があります。支援が必要となり、たとえすばらしいお手伝いがあるとしても、自分でできることが大事です。介護の専門性は、入居者が自分でできることを見出しサポートすることにあります。そのためには、その入居者にどのような可能性があるのかを詳細に知る必要があります。「自分でできる事」は、1日の時間軸でのアセスメントです。単に「歩けますか？　歩けませんか？」と尋ねるだけではアセスメントにはなりません。入居者の生理的変化や日内変動に沿ったアセスメントをしてこそ、自立支援、きめ細かな支援につながります。

サポートの必要な事　「時間」を基本軸に、入居者の「生活リズム」「意向・好み」「自分でできる事」でアセスメントした情報をもとに、多職種でサポートする方法を記載する欄です。入居者ごとに記載する情報量は異なり、職員によっても情報量は変わります。担当職員でなくても、何をどのようにサポートするのかがわかるように書くことが基本です。その結果、チームケアを行うにあたり情報が一元化され、チームケアに役立ちます。よって、書き込むスペースは広くなります。

　書式は、介護が目指すべき視点を表現したものです。初めて24Hシートを作成するときは、5項目の基本書式で作成することをおすすめします。慣れてきたら項目を加えてもかまいません。例えば「考えられるリスク」を加えて、リスク管理をする。医療ニーズの高い人には「医療関係」の欄を設けることもあります（**図表3-7**）。

　このように、書式は入居者ごとに手を加えていきます。入居者にあわせて書式を応用すれば、一人ひとりをより深く理解してサポートすることにつながります。ただし、欄を多くしすぎると、どこに何を書けばよいかわからなくなりますので要注意です。

図表 3-7　24Hシート書式の基本項目

時間	生活リズム	意向・好み	自分でできる事	サポートの必要な事

（項目追加の例1）

時間	生活リズム	意向・好み	自分でできる事	サポートの必要な事	考えられるリスク※

※「考えられるリスク」は、「サポートの必要な事」を行わないと起こり得る事故やケガのことを示します。

（項目追加の例2）

時間	生活リズム	意向・好み	自分でできる事	サポートの必要な事	医療関係

※各項目の幅は自由です。

理解度テスト

1. 24Hシートの「生活リズム」の項目が「日課」という言葉になっていたら、入居者はどうなりますか？

2. 24Hシートの「意向・好み」の項目が「私の意向・好み」という言葉になっていたらどうなりますか？

解答は巻末資料をご覧ください

3 情報収集

1 情報収集の流れ

書式が決まったら、実際に入居者や家族等から情報を収集します。その前に必ずしておかなければならないことは次の通りです。

● **情報を収集する意味を説明する**

施設の理念からケアの方針(暮らしの継続)を説明し、そのために24Hシートを使用したい旨を伝えます。

● **入居者、家族等の同意を得る**

同意を得てから話を伺います。

● **クレーム等が発生した時の対応方法を決めておく**

聞き方やちょっとした言葉遣い、態度で誤解が生じる場合があります。その時は速やかに対応する必要があります。クレームがあった際の報告ルートや対応の仕方をあらかじめ決めておくとよいでしょう。

2 情報収集の期間

情報を収集する期間を決めます(**図表3-8**)。すでに入居している人であれば、今までの関係性を考慮すれば、数日から1週間程度で聞き取りが完了するでしょう。新しい入居者であれば、面談時に伺うことが多いと思います。入居者によっては、情報が収集しやすい人とそうでない人がいるので、1日でとり終えると決めるのではなく、柔軟に対応することが大切です。

3 情報収集する職員

情報を収集する人は、直接介護や看護にあたる職員がよいでしょう。今までは、家族等と面談をして情報を収集するのは生活相談員という施設が多かったと思います。しかし、直接介護にあたる入居者に対しては、介護職自らが情報を収集し、介護の内容の理解を深めることが求められています。そこで、介護職に数名の入居者を割り当

る担当制を導入し、担当が責任をもち、24Hシートを作成する方法を採用している施設が多いです。

作成担当者とは、1人の入居者の24Hシートのまとめ役です。1人ですべて作成するのかと不安になると思いますが、そうではありません。他の専門職からアドバイスや知識を得ながらまとめていくことが大切です。新しい入居者やショートステイの利用者は生活相談員が窓口となることが多いでしょう。その時は、生活相談員が受け持つこともあるでしょう。

施設によっては、入居までに数回の面談を行う中で、そのうちの1回に担当の介護職が出向き、情報を収集する場合もあります。生活相談員などが面談を行う場合は、どのような項目を聞き取るのか、情報を共有しておく必要があります。

中には、生活相談員の情報は役に立たないので、再度介護職が情報を収集するという話がありますが、入居者には迷惑な話で、運営的にも時間と労力の無駄使いです。事前の打ち合わせが肝心です（**図表3-8**）。

4 情報収集の対象

情報収集の対象には2パターンあります（**図表3-9**）。どちらの場合も、24Hシートを作成する協力のお願いを相手にきちんと説明すること、その了解を得ることから始めます。

● すでに入居している人

まずは聞き取りから始めます。「今さら何を言うのだろう」と感じる入居者も多いと思うので、趣旨をきちんと説明しましょう。説明次第で得られる情報が異なるので、注意が必要です。そのほか、今まで記載したケース記録や入居時のサマリーを活用す

図表 3-8　情報収集のポイント

■**情報収集を始める際に決めておくこと**
　①担当を決める（主にとりまとめる人）
　②期間を決める（入居者それぞれ）　※情報収集は介護職と他職種が協力して行う

■**期間**
　①すでに入居している人の場合　……　数日〜1週間
　②新入居者の場合　　　　　　　……　面接時、入居後1週間〜1か月
　③ショートステイの人の場合　　……　面接時、利用期間中随時追加
　※ただし①②ともに時と状況による

るといいでしょう。
- **新しい入居者やショートスティの利用者**

施設利用前の事前面談のときに行うのがよいでしょう。そのときは、事前面談の内容と24Hシートに整合性をもたせ、入居者や家族に無駄な負担をかけない工夫が必

図表 3-9　情報収集の対象

① すでに入居している人
　本人や家族からの聞き取りだけではなく、フェイスシートやサマリー、記録物から読みとれる情報も収集する（模範となるものを作成し、分担するとわかりやすい）
② 新入居者、ショートステイの利用者
　入居前の事前面談である程度聞き取る

コラム
情報を収集する際の視点

情報を収集する際に大切な視点は、「1日をどのように過ごしたいか」を入居者や家族に尋ねることです。たとえばその時「朝ごはんは今までと同じ」という言葉が出てくれば、以前はどうだったかを尋ねなくてはなりません。

反対に「今まで朝はご飯だったけど、ここではおいしいパンが手に入るからパンにするわ」という声が聞ければ、次にどのようにしたいのかを中心に尋ねます。入居者によって尋ねる内容はさまざまですが、変わらない視点は「今日1日をどのように過ごしたいか」です。ただし、次に挙げる情報を理解したうえで尋ねることが必要です。

介護職が把握すべき情報
- 疾病、既往歴、障害の程度、筋力の状態、バイタル、服薬など、身体に関する事柄
- 理解力、意思の疎通など、認知症の症状や精神状態
- 家族関係、住環境など、入居者を取り巻く環境

栄養士が把握すべき情報
食にまつわる専門家として、情報の提供・共有は欠かせません。
- 必要な食事摂取量、嗜好、アレルギーなど、食事内容と量、考えられるリスク
- 嚥下状態、姿勢、食形態など、食事摂取に関する環境と考えられるリスク

看護師が把握すべき情報
医療面の専門家として、情報の提供・共有は欠かせません。
- 疾病、既往歴、服薬、医学的処置、リハビリなど、健康維持のための情報と考えられるリスク
- 「食べて」「出して」「寝る」など毎日暮らしていく中で、医療面の専門家からみた情報と考えられるリスク

要です。施設によっては、入居予定者や家族に対して、施設で決めた聞き取り項目の書式をあらかじめ渡して先に記入してもらうこともあります。

5 情報収集の3つの方法

要介護者の身体状況の重度化に伴い、言語的コミュニケーションのとれない入居者が増えてきています。しかし、どんな状態の要介護者でも、「読み取り」「聞き取り」「観察」の3つの手段を使えば情報を得ることができます（**図表3-10**）。

❶「読み取り」の方法

「読み取り」とは、記録物から情報を読み取る方法です。記録物にはケース記録やサマリー、フェイスシートなどさまざまなものがあります。これらの記録は介護職が得た情報だけではなく、他部署や他事業所の職員がかかわった結果が記載されているので、情報の量も多く、有効利用する価値があります。今後は要介護者の身体状況の重度化が進み、また認知症の人も多くなります。そして、核家族化も進行しているので、家族が身近に住んでいることが少なくなります。したがって、記録から情報を得る比重はさらに高くなるでしょう。

❷「聞き取り」の方法

「聞き取り」は、直接入居者や家族に伺うことが第1です。そして、今まで入院していた病院や他の事業所の関係者に聞くこともあります。直接本人や関係者に尋ねるので、言葉で聞き取るだけではなく、顔色や身体の状態を読み取ることもでき、表情を読み取ることができるので、とても有効な情報になります。

その前提として、話す環境と関係性がなければ難しくなります。そのためには、聞き取りをする（暮らしぶりを知る）理由をきちんと説明する必要があります。また、安心して話をしてもらうためには、座る位置や距離感など、面接の技法の知識も必要

図表3-10 情報収集の3つの方法

読み取り	…サマリー・フェイスシート・ケース記録等
聞き取り	…本人・家族・利用していた在宅サービス提供事業者・病院等
観　察	…日常生活・声・表情等

です（**図表3-11**）。

次に聞き取り項目を作成します（**図表3-13**）。

それぞれの項目は、1日の暮らしの流れに沿い、ケアで必要な最低限の項目が並べられています。

電車の発車風景を思い出してください。車掌は「行先OK、発車ベルOK、ドア閉めOK」というように、必ず発車に必要な最低限の点呼をして業務にあたります。

果たして今までのケアでは、サポート項目ごとに共通する詳細なサポート内容が掲げられていたでしょうか。ケアの統一・標準化を図るということは、サポート項目ごとにサポートの視点を明確にし、職員全員で共有することです。共通の視点で聞き

図表3-11　聞き取りをするにあたっての確認事項

- [ ] なぜ聞き取りをするのか説明しましたか
- [ ] 対象者は同意してくれましたか
- [ ] あなたの座る位置はどこがよいですか
- [ ] 対象者との距離はちょうどよいですか
- [ ] 尋問のように何でも答えてくださいと伝えていませんか
- [ ] 1日の暮らしがわかる聞き方をしていますか
- [ ] 聞き取る側のペースで進めていませんか

図表3-12　面接の技法（バイステックの7原則）

❶個別化	一人ひとりの利用者が、遺伝や環境の因子に基づいた、あるいは人生経験に基づいた独自性をもった個人であるとして迎えられる権利とニーズをもっていることを的確に認識し理解すること。
❷意図的な感情表出	利用者の抱える問題が部分的または全体的に情緒的なものであるときに、利用者がそのような感情を表現したいというニーズをもっていることを認識すること。
❸統制された情緒的関与	利用者が自分の感情に対して、援助者から適切な反応を受けたいというニーズを持っていることを認識し、理解すること。
❹受容	利用者は、生まれながらにして尊厳と価値をもっているという認識をもち、利用者にこのようになってほしいと望むのではなく、利用者を現実のあるがままの姿で把握し、接すること。
❺非審判的態度	自分の役割について、利用者を避難したり問い詰めたりすることではなく、援助することであると自覚すること。
❻利用者の自己決定	利用者は問題解決の方向などを自分で決める権利とニーズをもっていることを認識すること。
❼秘密保持	面接の中で明らかにされる秘密の情報を他人に漏らさないこと。

出典：『新・介護福祉士養成講座5　コミュニケーション技術　第3版』96頁、中央法規出版、2017年

取った内容に基づいて24Hシートを作成すれば、実際に介護を行う際にも同じ視点が活かされます。

● 聞き取り項目の決定

聞き取り項目の内容は施設ごとに決めます。決め方については、次の注意点を参考にしてください。

> - 朝の起床（目覚め）から1日の暮らしの流れに沿って項目を決めていく（食事・入浴・排泄等に生活行為を分断した聞き取りはNG）
> - 項目は、介護職だけではなく、看護師や栄養士、ケアマネジャーなどの意見を聞きながら決める
> - 「ここまで知っておけば、突発的な事故がない限りリスクが回避できる」という詳しさにし、施設職員の介護レベルにあわせる
> - 一度作成した項目で聞き取り、24Hシートを作成する。サービスを提供するなかで、追加したほうがいい項目と、削除すべき項目が出てきたら、その都度臨機応変に対応する
> - 入居者により聞き取る項目が異なる場合があることを意識して対応する

聞き取り項目ができると実際に活用しますが、入居者によって必要もしくは不要な項目があるので、状況にあわせて聞き取ることが大切です。一度で情報は得られるとは限りませんので、あせらずに入居者との関係性を大切にしながら、情報の密度を上げていくことをおすすめします。

❸「観察」の方法

観察は、介護をするうえで必要とされる専門的技術です。具体的にいえば、今自分がかかわっている目の前の状況について、示されている事象をそのまま受け止め、入居者の表情・身体・挙動から、思いや考えを察知することです。

本人や家族等からの聞き取りによる情報収集は、相手がいるので行いやすいですが、答えている時の表情やしぐさの観察によって、提供してくれている情報が本心かどうかの判断材料にもなります（**図表3-14**）。観察とは、観察の時間をとって見ればよいのではなく、聞き取り時やサポートの時も、絶えず入居者の挙動や表情を見ることが求められています。

● 観察項目が職種によって異なる場合

職種によって観察項目が異なるのは、職種の専門性が発揮されていてよい傾向とい

図表 3-13 聞き取り項目（一例）　朝の様子

① **目覚め**
- 目覚めは、何時頃ですか
- 目覚めの声かけ（起こしてほしいか？）や目ざまし時計の活用はしますか
- その後は、どうしていますか（どうしたいですか）

② **カーテン・電気**
- カーテンは開けますか（いつ頃）
- 電気は消しますか（いつ頃）

③ **ベッドから起き上がる**
- ベッドからどのように起きますか（自分でできますか）
- ベッドから起きるときに困っていることはありますか？座位を保持できますか、立位は可能ですか
- ベッドから起きたら、その次に何をしますか（整容・排泄・着替え・リビングに出る）

④ **排泄**
- サポートする職員は同性がよいですか
- 排泄する時にどんなことで困っていますか（ズボン等の上げ下ろし・歩行・移乗・排泄用品の交換・排泄用品の片づけ・便意・尿意の有無など）

⑤ **着替え（朝）**
- いつ頃着替えをしますか（朝ごはんの前か、後か）
- 自分で着替えを選びますか（いつ選んでいるかも聞いておきます）
- 朝、着替えたい洋服は何ですか（下着・寝まき・靴下など）
- 着替えのこだわりはありますか（厚着・薄着・好みの色など）
- 靴やスリッパはどうしますか
- 着替えで困っていることは何ですか

⑥ **歯磨き（整容）**
- タオルや歯ブラシ・櫛・クリーム等はどこに置いていますか
- 洗面はいつごろしたいですか（自分でできますか）
- 洗面の方法はどうしていますか（タオルを濡らして顔を拭く・水をためて洗う・お湯で洗う…）
- 洗面後はクリーム等をつけますか
- いつも使っている物はありますか
- 洗面で困っていることは何ですか
- 歯磨きは、いつ頃しますか。食後ですか、食前ですか
- 歯磨きの仕方はどうしていますか（口をゆすぐのは水かぬるま湯か、歯磨き粉や、歯ブラシなど）
- 歯磨きで困っていることは何ですか（義歯や口腔内の確認をする）
- ひげそりはいつ使いますか。毎日使いますか（頻度を聞く）
- ひげそりの仕方はどうしていますか（電気カミソリ・シェービングクリーム・蒸しタオルなど）
- ひげそりで困っていることは何ですか
- 整髪はどうしていますか
- 整髪でこだわっていることはありますか（整髪グッズ・髪をまとめるなど）
- 整髪で困っていることはありますか

※他の聞き取り項目は巻末資料を参照

えます。しかし、ケアの視点が共有されず、各職種が自由奔放に項目を言い合うようでは、観察される入居者にとっては不利益になります。

まずは、ケアの視点「1日の暮らし」「暮らしの継続のサポート」が共有されることが重要です。その中で、それぞれの専門性を発揮し、観察項目を検討することが大切です。

図表 3-14　日常生活での観察項目

■言葉以外の情報
- 表情（穏やかさ、険しさ、苦痛、こわばりなど）
- 顔色（赤みがある、青白いなど）
- 眼（まばたきの様子、眼球の動き、色など）
- 声（言葉、トーン、強弱、間のとり方）
- 呼吸（浅い、深い、速い、遅いなど）
- 些細な動き（手、指、足など）
- 動きや言葉の真意はどこか

知り得た情報は、必ず記録に残す

理解度テスト

❸ 病院から施設へ入居してくる要介護5の人がいます。言語的コミュニケーションが取れず、家族は「同居していないのでわかりません。施設にお任せします」と言っています。あなたなら、どのようにして情報を得ますか？

解答は巻末資料をご覧ください

コラム
情報を収集する際の視点

　ある施設の聞き取り項目に「あなたの初恋は？」という項目がありました。さて、あなたが入居者だとしたら、この質問にどのように答えますか。
　「私の初恋は小学3年生の…」もしくは「どうしてあなたに私の大切な思い出を話さないといけないの」などと答えるでしょう。
　ここで、聞き取りをする意味を振り返ってみましょう。介護の視点は「入居者の1日の暮らし」にあります。そのためには、1日をどう暮らしたいのかを知らなければ仕事になりません。そのための聞き取りです。
　それでは、聞き取り項目にはどのような内容がふさわしいのでしょうか。聞き取りで大切なことは、今日1日をどう暮らしたいか、明日の1日をどう暮らしたいかという現在進行形の話を伺うことです。病気で味覚が変わるということもあるので、これまでの習慣に関する情報だけが重要とは言い切れません。
　しかし、答えが「今までと同じ」であったり、好みの背景を知る必要があれば、以前はどうだったかを尋ねます。すべての人に対して過去形の質問である必要はありません。
　初恋の質問が必要な人もいるでしょう。しかし、すべての入居者に必要とはいえないのではないでしょうか。

24Hシートの作成でケアの質がわかる

　24Hシートは、まずは1職員○ケースというように、受け持ち制にして作成してもらいます。「どこまでどう書いているか」で、ケアの視点や技術がわかります。

①**ケアの視点が理解されているか？**
　→朝の目覚めから夜寝るまでの間の具体的な暮らしが理解されている
　→連続した暮らしのイメージがある、生活行為を独立してとらえていない
②**サポートの視点が理解されているか？**
　→サポートを必要とする場面で具体的なサポート方法が提案できる(誰が読んでもこの内容でサポートできる)
③**介護の専門的な知識や情報をもっているか？**
　→自立支援のために福祉用具や排泄用品の活用等が提案できる
④**チームケアの視点があるか？**
　→医療や栄養などの知識を取り込んでいる

4 24Hシートへの記入

1 記入の仕方

　入居者や家族から得た情報は、24Hシートに記入していきます。

　記入のポイントはまず、見やすい（読みやすい）ことです。せっかくよい情報があっても、書き方が整理されていなければ読み手には伝わりません。また、24Hシートはサポートの根拠になるので、なぜこのようなサポートをするのかという理由と方法がわかる書き方でなければ、本来の機能が達成されなくなります。

　そのためには、入居者・家族に関する情報と職員に関する情報の表現を明確に区別することです。

　まずは記入の仕方です（**図表3-15**）。「生活リズム」「意向・好み」「自分でできる事」は、入居者や家族の視点で書きましょう。その場合、入居者や家族を主語にして書くとよいでしょう。職員の思いや介護の専門用語を使いがちですが、入居者や家族を主語にして書くことで防ぐことができます。「サポートの必要な事」は、職員がどのようなサポートをするかなので、職員を主語にして書きます。

　大切なのは、最初からすべての欄を埋めようとしないことです。人によって書くことが異なるため、空欄が多かったり何枚も使うなどさまざまです。まずは「食べる」「出す（排泄）」「寝起きする」「入浴」を記入し、そのほかは徐々に埋めていくこともよいでしょう。1回で作成できるものではないので、気長に作成していきましょう。

図表3-15　項目別記入のポイント

項目	生活リズム	意向・好み	自分でできる事	サポートの必要な事
内容	■**本人、家族が主語になるように書く** （どのように生活したいか、どのように生活してきたか） 　＊例えば：私は○○したい ■本人、家族の言葉を反映し、職員の一方的な憶測で書かない ■起床介助・食事介助・入浴介助等、職員側の業務日課を書いてはダメ！ ■最初から無理に空欄を埋めようとする必要はない			■**職員が主語になるように書く** ■1日のケアプラン（具体的なサービス内容）となるように書く ■どこまで詳細に書くかは施設の職員の力量等で判断する

2 表現の方法

文章だけでは相手に伝わらないときは、写真や図、絵などを活用しましょう。

入居者所有の食器は「○○の食器」と書くよりも、写真で示したほうがわかりやすいです。特に配膳に注意が必要な場合は、微妙な位置関係を示すことになるので、写真が効果的です(**図表3-16**)。

加えて、介助方法などを絵や写真で示すと、職員間のサービスのムラが少なくなります(**図表3-17**)。最近は写真等のデータを簡単にパソコンに取り込むことができるので、活用してみましょう。

● 記号の活用

1日に何度か行われる「トイレに行く」「食事」「洗面」「歯磨き」「着替え」「整髪」等について、同じ記載がある場合、「意向・好み」「自分でできる事」「サポートの必要な事」欄は記号などの表現を繰り返し使用すると、文字量をおさえることができてわかりやすくなります。

● 注意や強調部分の表現

ケアプランにある項目や医療情報、サポートで見落としてはいけないこと等、強調したい項目は、囲みをつけたり、色を変えたり、目立つように工夫するとよいでしょ

図表3-16 写真を活用した記録例①

主食：お粥(150g)
副食：ムース②(果物はミキサー)
副食量：朝夕は副食全量だが、夕食は副食半量で笑顔倶楽部1本(バナナ・いちご・ココア)
温度：適温(60℃前後)
水分：食事の際はお茶ゼリー・人肌程度に温めた牛乳や冷たい水。お茶等を飲む。ストローなし。マグカップに口をつけて飲む。
好きな食べ物：牛乳、甘いもの、食事の中でもお粥、みそ汁を好んで食べる。
嫌いな食べ物：野菜、麺、ぬるぬるした物(とろろ芋)
禁食：麺、とろろ芋

食事介助
食事の手段：スプーン
食事方法：リクライニング式車いすにて
食事摂取量：7割前後

う。
- **入居者、家族、職種等、入居者に応じた表現**

  入居者や家族からの聞き取り内容を色分けして表現すると、それぞれの意向等が明確になります。

  また、「サポートの必要な事」の欄では、医療職や栄養士からの注意点や申し送り事項なども、色分けや囲み、改行等の工夫で見やすくなります。

- **箇条書き**

  長々と書き記した文章は、どこが重要か、何をするのかがわかりにくいです。24Hシートは関係者が共有するための情報源です。見やすく書くことが大切です。箇条書きでポイントを押さえる書き方がよいでしょう。

図表3-17 写真を活用した記録例②

入居者名	K・T
浴槽	個浴
麻痺	右半身まひ
拘縮	あり
座位	できる
立位	支えがあればできる
浴槽に入る時	介助（①〜④を参照）
使用するいす	シャワーチェア
洗髪・洗身	洗髪時、お湯をかける
浴槽台の有無	あり
移動方法	車いす
備考	・シャンプー2回、コンディショナー1回行う。 ・衣類は下着以外はクリーニング対応。
薬	軟膏
部位	後頭部

① 入浴前に浴槽と手すりをセットし、お湯を入れる(湯の高さは浴槽の7割程度にする)。

② 髪の毛は、シャンプー2回、コンディショナー1回。その後からだを洗う。

③ からだを洗ったら、シャワーチェアのまま浴槽の隣まで移動し、支えながら片足ずつ浴槽に入り、浴槽台を外し、入浴していただく。

④ 入浴中、車いすにバスタオルを敷き、シャワーチェアと交換する。上がる時は、手すりにつかまってもらい、浴槽内で立ち上がり、浴槽台をセットして座ってから、片足ずつ出てもらう。

3 各項目の書き方

❶時間

「時間」軸は、幅をもって書きましょう（図表3-18）。人の生活は時間を限定することが難しいので、およその幅で書くとよいでしょう。

また、1時間の中で「トイレに行く」「顔を洗う」「髪をとかす」「着替える」など、日によって順番が異なる行為については、およそこの時間帯で行われると書いておきましょう。

❷生活リズム

1日の暮らしの中で、入居者がどのように過ごしているか、その具体的な生活行為を言葉として書きとめます。たとえば、「起床」という表現には「目が覚める」「ベッドから起きる」「カーテンを開ける」「電気を消す」等の行為があります。人によっては、「目が覚める」の次は「ベッドでごろごろする」が入ることもあります。このように、暮らしをなるべく行為ごとに詳しく書きわけます。

表現の方法も、用をたす行為の「出す」は、「排泄」と表現していましたが、「トイレに行く」にして、その言葉で行動を思い浮かべることのできる表現がいいでしょう。

食べることは「食事」とするよりも、「朝食」「おやつ」「夜食」のように、普段使う用語で表現するほうがいいです。その時、「朝食」を「朝ごはんを食べる」と、名詞に行為を入れた表現もあります。どちらでもかまいませんので、施設で統一しておきましょう。

図表3-18 「時間」軸の取り方

時間	生活リズム	意向・好み	自分でできる事	サポートの必要な事
0:00				
6:00〜7:00	目が覚める			
7:00〜8:00	トイレに行く 顔を洗う			

❸「意向・好み」

「生活リズム」に記載された生活行為ごとに、どのようにしたいのか、好みは何か、好まないことは何か等を尋ねて記入します。好むことばかり記入するのではなく、「やってほしくないこと」もサポートでは大切なので、特に意向がある場合はきちんと書きましょう。また、家族の意向があるときは、それも記入します。入居者本人か家族の意向なのかわかるように、記入の際には「（家）」と加える、文字の色を変える等の工夫をします。

1日の暮らしの中で何度か繰り返される生活行為でも、時間帯によって「好み」や「こだわり」が異なることがあります。したがって「生活リズム」に沿った書き方が基本です。

❹「自分でできる事」

「生活リズム」と「意向・好み」に沿い、「自分でできる事」を記入します。特に要介護者は、何らかの障害や疾患を抱えている人ですから、1日の中でも時間帯により身体の状態に変化が見られます。必ず、時間軸に沿った「生活リズム」と「意向・好み」の情報に合わせて記入しましょう。

❺「サポートの必要な事」

時間軸に沿って「生活リズム」「意向・好み」「自分でできる事」を伺っているので、それらを踏まえて求められているサポートを具体的に記入します。サポートの内容は、介護側の視点だけではなく、医療や栄養等、他職種の意見を踏まえた内容にします。特に、障害があるがゆえに起こりうるリスクが想定できる時は、そのことを踏まえた内容にすることが大切です。書き方は、誰が読んでもサポートの内容がわかるようにする必要があります。これにより、「見守り」「一部介助」「全介助」のような業務遂行を意図した表現はなくなるはずです。

また、認知症などで不穏になる時、「○○の言葉をかけると落ち着く」ということがあれば書いておきます。サポートの行為だけではなく、言葉かけなどを含めて統一したケアを展開することで、入居者に安心を与えるということも書いておきましょう。

チームの皆が同様にサポートできるようにするために、見落とさない、わかりやすい表現にすることが肝心です。

理解度テスト

4 入居者が0時に「入浴したい」と言っています。あなたなら、24Hシートにどう書きますか?

時間	生活リズム	意向・好み	自分でできる事	サポートの必要な事
0:00				

5 下記の下線部の表現について、正しいと思いますか。思いませんか。どちらかを○で囲み、その理由を挙げてみましょう。

時間	生活リズム	意向・好み	自分でできる事	サポートの必要な事
6:00	○<u>起床介助</u>	<u>ご自分で起きられる</u>が不安定なときは手伝ってほしい	【着替え】 ・上着を着る ・ボタンはできない 【洗面】 ・タオルで顔を拭く	【着替え】 ・ズボンを交換 【車いすへの移乗】 ・車いすに移乗
7:00	○<u>水分補給</u> ○朝食	<u>熱い緑茶が飲みたい</u>	・湯のみを膝に乗せ席まで運ぶ	・<u>一部支援</u> ・<u>常に見守る</u>
9:00	○<u>トイレ誘導</u>		・尿意を伝える	・汚れていたらパッド交換

起床介助……………………(適切・不適切)〔理由   〕
水分補給……………………(適切・不適切)〔   〕
トイレ誘導…………………(適切・不適切)〔   〕
ご自分で起きられる………(適切・不適切)〔   〕
熱い緑茶が飲みたい………(適切・不適切)〔   〕
一部支援……………………(適切・不適切)〔   〕
常に見守る…………………(適切・不適切)〔   〕

解答は巻末資料をご覧ください

コラム
生活の細部にわたるサポート

「入居者の転倒」については、リスクマネジメント委員会などで対策を検討をすると思います。その時、入居者の時間軸における身体の状態と生活行為を当てはめて、検討していますか? 「転倒」の対策として、「○○に注意する」など一括りの対策になっていませんか?

24Hシートでは、24時間の軸に沿ってアセスメントすることで、生活の細部にわたった対策を講じることができます。

コラム
言葉の使い方がばらばらだったことがわかる

　24Hシートを作成することで、職員によって「手すり」と表現している人、「バー」と表現している人がわかりました。このように、細かなことでも文字にしてみると、その差が明確になります。24Hシートには、こんな効果もあるのです。

文章なんて書けない？

　24Hシートについて、最初はどうやって書けばよいのか悩むことでしょう。先日の研修では、「文章なんて書けない」という意見が出ました。身体を使って三大介護をするだけが介護の仕事ではありません。その成果を文字に表す（文章にする）ことも大事な仕事のうちです。

　チームでケアをするためには、文字にすることが基本です。文字にすることで、仕事の成果を表現することができます。書く練習をしましょう。

　さて、どのように書けばよいのでしょうか。

　ある施設では「施設長が読んでもケアができるように」としているところがあります。施設長も素人扱いされて大変ですね。

「一部介助（支援）・全介助・見守り」という言葉は存在しない

　今までは「Aさんは一部介助、Bさんは全介助」と表現していても仕事が流れていました。この場合、Aさんは「介護職の恵美さんは、足の指まで拭いてくれるけれど、聡君はしてくれない」と感じていたかもしれません。

　多くの入居者をまとめてサポートするときには、一人ひとりの要望や好みを聞いている時間はなく、一人ひとりに対応していたら仕事が滞ってしまうでしょう。しかし、一人ひとりの暮らしに沿ったサポートを目的とするユニットケアは、担当する入居者（生活単位）を10人前後とするため、一人ひとりそれぞれの意向等を詳しく聞くことができます。

　意向等は、誰一人として同じではありませんので、サポートの必要なことは、それぞれに詳細に書きます。

　つまり、「一部支援・見守り」とまとめて書かれていても、何をどうするのかがわかりません。ですから、個別に得られた情報をもとに書く必要があります。「全介助」としてすべての行為をサポートするとしても、好みや意向は人それぞれなので、同様に詳細に書かなくてはわかりません。

　それでは、なぜ今まで「一部支援」「全介助」という言葉が存在していたのでしょうか。

　「入浴介助」とは、「○をこのように、△までする」など、あくまでも業務の遂行を中心とした表現で、一人ひとりに焦点を当てた表現ではなかったのです。ですから「一部」や「全」という表現を使って、どこまで業務をするかについて職員が暗黙の了解をしていたのではないでしょうか。

5 24Hシート記入後の確認

　24Hシートを書き上げた後は、記入後の確認をします（**図表3-19**）。この行程を省く場合が見受けられますが、絶対に欠かすことのないようにしてください。作成担当者は作成を担当しただけなので、そのデータに関して職員間で討議し、データを確定する必要があります（**図表3-20**）。

　参加者は、介護職と看護師、栄養士などの関係者です。討議の場としては、ユニットミーティングを活用するとよいでしょう。施設によっては、ケースカンファレンスとして別の場所と時間を用意しているところもあります。サポートにあたる職員全員が参加することで、情報の周知にも役立ちます。ケースカンファレンスの参加者は、介護主任やケアマネジャー、ユニットリーダーなど一部の人で構成されることが多いですが、24Hシートの記入後の確認には、サポートにあたる関係者全員の参加が望ましいです。

図表3-19 記入後の確認のポイント

■ユニットミーティングかケースカンファレンスで意見を出し合う
■本人・家族にも参加もしくは同意を得る

図表3-20 データ確認のチェック項目

- 24時間の軸をもとにした暮らしぶりになっているか
- 入居者の意向・好みが反映されているか
- 「自分でできる事」と「サポートの必要な事」がうまくかみ合っているか
- 「サポートの必要な事」を読めば、誰もが同じサービスを提供できるか
- 医療的な留意点が反映されているか
- 栄養面の留意点が反映されているか
- 暮らしの留意点が反映されているか
- その他

できれば本人や家族に参加していただくことが望ましいですが、参加できなくても、作成したものを見せて、確認してもらいましょう。

24Hシートはサポート内容の明細書です。言い換えれば、ケアの見積書です。職員側の提案に対して本人側の同意を得ることは当然といえます。

6 24Hシートの活用

24Hシートの内容を確認した後は、いよいよ活用です。

1 24Hシートを置く場所

常時24Hシートを活用するには果たしてどこに置けばよいのでしょうか。皆さんがサービス提供をする場、ユニットケアであればユニットの記録保管場所に置いて、いつでも確認できるようにしておきましょう（**図表3-21**）。ただし入居者の個人情報が記載されていますので、守秘義務は厳守してください。

図表3-21 24Hシート活用のポイント

■ケース記録を書く時は24Hシートをそばに置いて見る
■マニュアルではなく、あくまでも目安として活用する
■職員を指導する際にも使用する（ケアの統一・指導の統一につながる）
■職員がいつでも確認できる場所に保管する

コラム
もし事故が発生したら

　ある施設では、事故が発生したら必ず24Hシートとケース記録、事故報告書をもとに事故を検証します。そうすることで、いつもの行為と異なった突然の行為の結果だったのか、機能低下を見落としていたのかなどがわかります。
　24Hシートを導入する前は、事故場面を含んだ前後の検討や振り返りが多かったのですが、今では、それまでの入居者の暮らしぶり全般からの検討となっています。
　また、家族には24Hシートを使って通常の暮らしぶりを説明しケアに対する同意を得ているので、今回は予期せぬ突然の事態だったのか、職員が見落として気づかなかったのかなど、実情をきちんと説明することができます。

2 活用の仕方

次は活用の仕方です。24Hシートを再度確認してみましょう。24Hシートは記載された通りにサポートするためにあるわけではなく、目安です。24Hシートは入居者の暮らし方の目安です。自分に置き換えて24Hシートの活用を考えると、「起床時間は何時？」と尋ねられたら「大体6時頃起きるけれど、休みや前夜遅かった時は遅くなる」と答えます。このように「大体6時頃に起きる」という「大体」の部分が24Hシートの記載になります。この「大体」という表現をするためには、6時の時間をはさんで前後30分くらいの幅をもたせるとよいでしょう。職員はこの時間帯に「今日はいつもの時間に目が覚めていない、さてどうしてだろう」と対応を考えます。6時に目が覚めていないのでとりあえず起こしてしまおうということがないようにご注意ください。24Hシートは、その通りにサポートするマニュアルではないのです。

そして、自然と活用してしまう一番の方法は、**図表3-21**の上段の「ケース記録を書く時は24Hシートをそばに置いて見る」です。サポートしている最中は、24Hシートを見ながらするわけにはいきません。おおむねの理解でサポートを進め、その結果をケース記録に記すことと思います。

その時、24Hシートをそばに置いて確認することで、いつも通りであったか、そうではなかったかがわかります。24Hシートは「ケアの見積書」です。見積りは実績があってはじめてその効果（結果がどうだったかの比較）を表すことができます。そのためには、「1サポート、1記録」でケース記録を書く時に24Hシートをそばに置いて見ることが一番の活用方法になります。

3 職員研修への活用

新入職員や派遣職員が入職した時の研修で、どの入居者にどのようなサポートをしたらよいのかを教えることに多くの時間がかかっていませんか？　24Hシートは、入居者一人ひとりの1日の暮らしぶりとサポート内容を詳細に記したものですので、新人も簡単に理解することができます。24Hシートを研修に活用することで教育時間の短縮に結びつきます。また、24Hシートによって同じ情報源を共有することは、ケアの統一化に結びつきます。

コラム
24Hシートはケアの見積書

　今まで、家族は、施設に入居してから本人が1日をどのように過ごし、その間どのようなサポートを受けているのか知らされていたでしょうか。
　入居時に施設の方針として「このようなケアをします。このようなことはしません」と説明されても、それはあくまでも全体方針の話です。方針が入居者の1日の具体的な暮らしにどう結びつくか、想像できていたのでしょうか。家族にすれば「施設では一体どんな生活をしているのだろう」と思いを馳せていたことでしょう。
　24Hシートでは、自分だけの1日の暮らしがシミュレーションできます。「職員にお任せ」と話していた家族も、これを見れば入居者のことが詳細にわかるので、関心を寄せるきっかけになると思います。このように24Hシートは、私たちはこうしたサービスを提供しますと提案する見積書なのです。

7 24Hシートの更新

　せっかく24Hシートを作成しても、このデータではサポートが間に合わないという事態が生じることがあります。要介護状態にある入居者は、健常者と比べても状態の変化は速いものです。それでは、24Hシートの更新時期は、どのように考えればよいのでしょうか。研修中、受講生に「更新の時期は？」と質問すると、「常時」や「毎日」という答えが返ってくることがあります。本当に毎日更新作業ができるのでしょうか？　また、更新は常時必要なものでしょうか？

1 更新の考え方

　24Hシートは、入居者の1日の暮らしぶりとサポートする内容を書いてあるものです。入居者の1日の暮らしぶりが変われば、必然的にサポートの内容も変わります。そこが基本となる更新時期です。

　たとえば、病気やけがで入院し、退院したら今までと同じ暮らしができなくなったり、加齢や疾患で食事量や睡眠に変化が生じたときに、一時的でも回復までに期間がかかる状態になった時などが挙げられます。それは大きく変化が生じた時といえます。ちょっとした変化は次頁のコラム『「好みのリンスが変更になった」という場合も24Hシートを更新する？』に記しているように、赤線を引く等で印をつけておく程度でよいでしょう。

　なかには、年単位で大きな変化がない入居者もいます。その場合は確認の意味も込めて、ケアプランの見直しと同時にしたり、半年に1回などと期間を決める方法があります。施設の方針として決めておくとよいでしょう。

図表3-22　24Hシートの更新時期

■状態が変化した時
■定期的な変更

2 更新の気づき

　前述したように、ケース記録を書く時に24Hシートをそばに置いて書くとその変化に容易に気づくことができます。「毎日同じように変化がみられる」「時々変化がみられる」というように、その頻度もわかるようになります。そうすると、更新すべきかどうかも気づくようになります。関係する職員が同様にケース記録を書いていれば、皆が同じように気づくようになるでしょう。更新の担当者は24Hシート作成担当者とするのが自然です。

> **コラム**
> ### 「好みのリンスが変更になった」という場合も、24Hシートを更新する？
>
> 　「意向・好み」の入浴の欄には、「○○リンス」と、今までのお気に入りが書かれていることでしょう。この好みのリンスが「△リンス」に変更になった時、手書きの場合は、記載された部分に線を引いて「△リンス」と書き直しましょう。「サポートの必要な事」に変化がない場合は、これで終了です。
> 　△リンスの使用方法が今までと異なったり、介助に多少の変化がある場合は、その旨を書き加えます。パソコンを使用している場合は、該当部分のデータだけ変更すれば済みます。
> 　しかし、些細な変更は気づかないことも多いので、データを書き換えた時は、**図表3-23**のように一時的に色を変えたり申し送りをするなどしましょう。なお、この程度の変更は更新ではありません。

図表3-23　24Hシートのデータの書き換え

時間	生活リズム	意向・好み	自分でできる事	サポートの必要な事
14:00 15:00		お風呂に入る ~~○○リンスが好き~~ △リンス	着替えの用意をする タオル等入浴の用意をする 浴室まで車いすで行く 身体と頭は自分で洗う	着替え・タオル等の用意は、1人で行うか確認する（忘れ物があることが多い） 浴槽までは1人で行くので、見守りは不要 △リンスは洗い場に用意しておく

8 24Hシートの一覧表の作成

　各入居者の24Hシート作成を終えたら、次はユニット（グループ）ごとに一覧表を作成します。各入居者の24Hシートを作成していても、一覧表を作成していないことをよく見かけます。これでは24Hシートの効果は半減してしまいます。必ず一覧表まで作成しましょう。

1 一覧表の作成

　一覧表は24時間軸に沿って、ユニットの入居者全員（生活単位）の情報を1枚に並べたものです（**図表3-24**）。入居者ごとに書く内容は、主に「生活リズム」欄からの転記になります。一覧表を作成するのは、主にユニットリーダーやケアマネジャーが多いです。

図表3-24 24時間の暮らしのデータ一覧表

時間	CDさん	EFさん	GHさん	IJさん	KLさん
0:00					
〜					
7:15	目が覚める		リビングに歩いて向かう	着替えをする（介助）	
7:30	ベッドから起きる		お茶を飲む	リビングに車いすでいく（介助）	リビングに車いすで向かう
7:45	トイレに行く		テレビを見る	朝食の準備を始める	朝食を食べ始める
8:00	洗面・着替えをする		朝食を食べる	朝食を食べ始める	
8:15		8:20声かけで目が覚める	朝食食べ終わる		朝食終了
8:30	朝食を食べる	ベッドから起きる（介助）	居室に戻る	朝食終了・点眼	口腔ケア　トイレに行く（介助）
8:45		トイレに行く（介助）	口腔ケア・着替えをする		リビングへ戻る
9:00	リビングでテレビを見る	朝ごはんを食べ始める	ベッドで一休みする	食堂にて新聞を読む	テーブル席にてすごす

※支援が必要であれば、そのことを書く施設もありますが、あくまでマニュアルにならないようにします。また、書きすぎて、一目でわからないようでは一覧表の機能がありません

2 一覧表の効果

一覧表の効果を**図表3-25**に示します。一覧表は、ユニットの入居者の24時間軸での暮らしぶりが一目でわかり、全体の動きを把握することができます。それにより、ケアが「見える化」されます。

一覧表があれば、たとえば急な欠員があって代替職員が入るときでも、一覧表で入居者の動きを把握し、詳細は各入居者の24Hシートを見ることで、標準化されたケアの提供につながります。

また、どの時間帯にどのようなサポートが必要なのかが明確になり、ケアが「見える化」されるので、人員配置の根拠になります。これは人件費の削減と適切な人員の配置につながります。

さらに「15時に入浴したい」という希望と「15時30分に入浴したい」という希望が重なった時などは、一方の入居者の入浴時間を15分ずらしてもらったり、15時を希望している入居者は長湯ではないのでこのままで大丈夫という判断の根拠にもなります。このように、生活行為が重なった時に、できることとできないことを判断する根

図表 3-25　一覧表の効果

- ■24時間軸でユニットの全入居者の暮らしぶりが一目でわかる
- ■24時間軸の中でどこに人手が必要なのか根拠を示すことができる
- ■時間軸でできることとできないことが明確になる
- ■急な欠員の対応に役立つ

図表 3-26　一覧表にすることでユニット内の状況が把握しやすくなる

時間	Aさん	Bさん	Cさん	Dさん
： ： 3:00				
4:00	排泄	排泄	排泄	排泄
5:00				
6:00	30′ 起床	15′ 起床	40′ 起床	50′ 起床
7:00	30′ 朝食	30′ 朝食	30′ 朝食	30′ 朝食
8:00	口腔ケア・排泄	口腔ケア・排泄	口腔ケア・排泄	口腔ケア・排泄

※一覧にすると職員都合のケアの展開がわかる
※排泄も食事とほぼ変わらない時間、小さい単位の流れ作業が行われていた

拠になるのも大きな特徴です。

　また、一覧表にすることで、職員が行っているケアの状態が見えます。

　たとえば、入居者それぞれの24Hシートをみると、それぞれ個別に対応しているように見えても、一覧表にすると、一定の間隔でのサポートをしていたことに気づきます。また、排泄も食事も、ほぼ変わらない時間帯でサポートが行われていた（一斉の流れ作業が行われていた）ことなどを読み取ることができます（**図表3-26**）。

　ただし、一覧表はケアのマニュアルではありませんので、この通りにケアをするという考えはやめましょう。

9 24Hシート作成Q&A

書式

Q シートの用紙はどのサイズにすればよいですか？

A 皆さんが普段見慣れている書式はA4の縦型でしょう。A4の縦型では、仮に5項目を詰めて入れても、1つの欄に記載する情報量が多いと縦長になって見づらいこともあります。その時は、A4を横向きで使うこともあります。A4の横型であれば綴じるのは簡単ですが、枚数がかさむことがあります。そこで、A3用紙を使って1枚で見られるように工夫している施設もあります。

それでも情報量が多くなると、どんな書式でも1枚に収まらないことになります。その場合、パソコンを使えば書式の設定を自由にできるので、うまく活用しましょう。

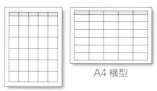
A4 縦型　A4 横型

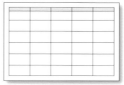
A3 横型

Q 1枚の紙に収まりません

A 1枚の紙に収める必要はありません。大切なのは、24Hシートを見れば、入居者の1日の暮らしぶりとサポートする内容がわかることです。サポートの量が多い入居者の24Hシートほど、枚数は多くなるでしょう。ただし、情報量が多いからと単に枚数を増やすのがよいわけではありません。大切なことは見やすい（読みやすい）ことです。ですから、書き方やまとめ方を工夫しましょう。

Q 「時間」の中は1時間間隔がよいですか？

A 24Hシートには、時間軸の間隔の設定や決まりはありません。記載方法はさまざまです。24Hシートをマニュアル化しないための工夫としては、「○時」ではなく「○～○時」と記載し、読み手におおよその時間を伝え、柔軟性をもたせている施設もあります。

書式の設定では、作成後の活用方法を考えて設定することをおすすめします。書き込みやすい書式であると同時に、情報の読み取りやすさを考えておくと、さらに実用性の高いものになります。

Q 各項目（欄）の幅は均等がよいですか？

A 書いてみるとわかりますが、一番多く記入するのは、「サポートの必要な事」です。ですから、その欄を広くとると読みやすくなります。そのほか、情報の量でそれぞれの幅を決めれ

ばよいでしょう。仮に標準書式を作成しても、入居者に応じて欄の幅を変えるという個別の対応も問題ありません。

読み取り

Q ケース記録がきちんと書かれていなかったり、職員によって記録が異なるときはどうしたらよいのでしょうか？

A 悩ましい課題です。このようなことがないように、記録の整備は進めないといけません。第4章を参考にしてください。

聞き取り

Q 聞き取りが完全ではない際の対応はどうすればよいでしょうか？

A 最初から完全な聞き取りはありません。24Hシートを作成してケアに活用していると、「こういうことも聞いておいたほうがよい」「このことは聞かなくてもよい」ということがわかってきます。

追加や削除を繰り返す中で、よいものができあがります。気をつけるのは、「不要な項目だから」と自分で勝手に削除するのではなく、皆の意見を集約して会議に諮り決定するなど、組織として決めていくことです。

Q メモをとりながら聞き取りすべきでしょうか？

A 聞き取りされる人（入居者）と施設（職員）の関係について、良好な人もいればそうでない人もいることでしょう。多くの事柄を尋ねるので、職員がすべて暗記するのは困難です。聞き取り項目に基づいて、メモをとることについて本人の了解を得ましょう。メモをとられると「調べられている」「事務的」という印象をもつ人もいます。このことを絶えず心にきざみ、教えていただくという姿勢で臨みましょう。

Q 重度の人、意思疎通の困難な人の聞き取りはどうすればよいでしょうか？

A 情報の収集には「読み取り」「聞き取り」「観察」があります。「読み取り」では、ケース記録やサマリーなどがあります。「聞き取り」では、本人から直接情報が得られない場合は、家族に加えて、以前利用した施設や病院があれば情報を得ることが可能です。

一番大切なのは、本人の様子を知る「観察」です。苦痛がないか、心地よいか、喜んでいるか等を入居者の表情や動きから読み取ることは、介護の専門職としての大切な仕事になります。

Q 聞き取りに時間がかかります

A 入居者の状況によって、聞き取る項目や時間は変わります。そこで、時間がかかることのリスクを考えてみましょう。一番負担がかかるのは、聞き取りをされている人です。手際の問題で時間がかかるのであれば、同僚のやり方を参考に、自分のやり方を振り返ってみましょう。ある施設では、聞き取りの勉強会を開催したそうです。まずは勉強し、実践していくことです。

Q 同じ職員が聞き取りすべきでしょうか？

A 場合により異なります。聞き取り方でトラブルが起こり、今後情報を得られそうにない場合は、別の職員が行ったほうがよいでしょう。回数を重ねて聞き取りを行う場合は、どこまで尋ねたのかを把握している職員のほうが無駄は少なく、相手も安心でしょう。

Q 本人や家族の意向を反映すべきでしょうか？

A 本人や家族の意向は、基本的にすべて反映すべきですが、施設の運営理念に反したり、入居者の安全を確保できない場合は、断ってもよいのではないでしょうか。反対に、運営上の課題により現在は対応できない場合は、課題解決の状況もあわせて説明し、理解を得ることが必要です。どちらの場合も、事情をよく説明し了承を得るようにしましょう。

Q 応答の中身が頻繁に変わったり要望の多い入居者への対応を教えてください

A 答える中身が頻繁に変わる人は、そのすべてを列挙して職員間で検討してみるとよいでしょう。「この場面では○○と言っていた」「あの場合では□□と言っていた」など、伝えた場面がわかると、そこに存在している心情もわかることがあります。

また、すべて書いておけば、職員はその状況ごとに情報を得ていることになるので、最小限の混乱で対応できるでしょう。ただし、記入する内容が増えるので、箇条書きにするなどの工夫が必要です。要望が多い場合も同様です。

Q 施設のリズムに合った暮らしをしているので要望がない入居者がいます

A 「施設の決まりに沿って生活して不便がないので、今さら何も希望はありません」と答える入居者は多いことでしょう。この場合、施設の方針に加えて、改めて入居者の暮らしの意向を尋ねる理由をていねいに説明する必要があります。

今まで、入居者に「1日をどのように過ごしたいのか」尋ねていましたか？ 施設業務の流れに沿った環境に身を置いていたら、今になってどうしたのだろうと驚くのは当然です。一時的なものかと疑心暗鬼になる人もいるでしょう。ですから、施設の運営方針を改めて伝えて、施設は今までの暮らしを継続できる場所であることを理解してもらいましょう。1人、2人と、まわりの入居者が自分のペースで暮らすようになれば、そのうちいろいろと希望を伝える人も出てくるでしょう。

Q 認知症により、実際の生活と異なる応答があります

A 情報を得るためには、本人から伺うのが一番です。しかし、家族や関係者からも話を聞くことはできます。記録から読み取ったり、すでに入居している人であれば、かかわりの中で気づいたこと（観察）からも情報は得られます。こうして多くの情報の中で、その入居者にとって何がよいのかを判断します。

認知症の有無に限らず、聞いた話が本人の意図するものとは限らない場合もありますので、絶えず複数のデータを活用することをおすすめします。

Q 次から次に話が膨らんで収拾がつきません

A いろいろと思い出したり希望が出されることはよいことです。施設に入居する際に、自分であらかじめ見学したり資料を取り寄せて情報を得て、入居を決める人は数えるほどです。心構えもなくあっという間に入居した時は、ゆっくり話す余裕はないでしょう。時間の経過とともに、施設との信頼関係が構築されると、いろいろと話が出てきます。それは話していただけたことなので受け止めましょう。どの情報をもとにサポートにつなげるのかは、「情報の収集方法」を参考にしてください。

Q 入居者の思いを聞いていると聞き取りになりません

A 入居者が自分を中心に話して聞き取る側が整理をするのが本来の仕事です。そうすると情報が少なくなり、何をどうサポートすればよいのか職員が悩むことになります。入居者に自由に話してもらってまとめるためには、準備が必要です。

たとえば、聞き取る項目を一覧にして、話が飛んでもその項目がすぐに見つけられるようにします。同意を得られれば、会話を録音して後で聞き直して整理をする方法もあります。聞き取りで大切なのは、数多く話してもらうことです。自分に合った整理の仕方を見つけましょう。

Q 知りたい内容と異なる内容が返ってきます

A 知りたいことを教えてもらうには、まずは関係性を構築することです。入居者や家族の信頼を得なければ、情報は得られません。入居者や家族がさまざまな話題に触れる場合、尋ねられている意味がわからないということも考えられます。1日をどのように暮らしたいのかを知るためなので、日々の話の延長で聞けるように努めたいものです。

Q 入居者と家族の意見が異なります

A 主体は入居者本人ですが、なぜ本人と家族との間で意見に食い違いが生じているのか、両方の思いを聞いてみることです。そして両方の意見は意向・好みに書いておきます。人権を守る、身体を守るという視点からの介入はあっても、決めるのは本人と家族です。どうにか折り合いをつけるのが専門職としての役目といえます。

Q 話せない・コミュニケーションがとれない入居者、施設にお任せの家族への対応を教えてください

A 情報収集の2つの手段（読み取り・観察）を使います。入居者の身体状況が重度化すると、コミュニケーションができる人も限られてきます。また、核家族の影響で家族からの情報提供が困難になる場合も考えられます。介護の専門性として、ノンバーバルなコミュニケーション（非言語的コミュニケーション）が求められます。

Q 聞いた要望に応えることができません

A 入居者や家族には、どんなことでも話してもらいましょう。しかし、たとえば家族の「歩きまわるので、車いすに縛ってください」という要望には応えることができません。その時はしっかりと説明をしましょう。

また「入浴は20時にお願いしたい」等の要望については、体制を整えることが難しい場合もありますが、その場合も事情を説明し、体制の整備に努めることを約束しましょう。どんなことでも、できることとできないことの理由をしっかりと説明することが大切です。

Q 聞き取りをする場所・状況について教えてください

A 聞き取りを行う場所や状況について、特に決まりはありません。プライバシーに配慮した、落ち着きのある、話しやすい環境設定をするとよいでしょう。聞き取りをする職員の人数が多い、騒がしい、職員の出入りが多い環境は避けます。本人や家族が緊張せずに話せるよう配慮が必要です。

聞き取る側の配慮としては、座る位置や距離感、声のトーン、話すスピード、あいづちの打ち方、服装など、コミュニケーションをとるうえで配慮できる点はたくさんあります。相手の立場に立ち、自分であればどのような環境が話しやすいかを考えた雰囲気づくりが大切です。

観 察

Q 観察ができない職員に対して、どうすればよいのでしょうか？

A 何を観察すればよいのか、その着眼点にばらつきがある場合は、具体的な観察項目を決めておきましょう。まずはそれを観察のマニュアルとして明文化することです。次に、そのマニュアルに基づいて、施設全体での勉強会や個別の指導など、職員に応じて行うとよいでしょう。また、特殊なケースや困難だった事例があれば、それを材料に勉強会を開催し、技術を磨きましょう。

項目の書き方

Q 難しくて書けません。何を書けばよいのかわかりません

A 「生活リズム」「意向・好み」「自分でできる事」は、聞き取りシートに沿って聞いた内容をそのまま書けばよいのです。入居者や家族の言葉で、両者を主語にして書くことが基本なので、手を加えようとせずに書けばよいでしょう。「サポートの必要な事」は、職員が何をどうサポートするのかという手順や注意点を書くので、自分たちがどのようなケアをしようかといつも話していることを書けばいいのです。

作成した24Hシートでケアを展開し、不足していることを書き加えていけばよいので、力を抜いてまずは書くことを進めましょう。

Q 意思疎通が難しい人の場合、職員の気づきを書けばよいでしょうか？

A 情報収集の手段は、「読み取り」「聞き取り」「観察」です。本人から聞きとれない場合は、家族や関係者から聞くことができます。また、「読み取り」の記録と「観察」は、職員の気づきに基づいたものになります。この両者を用いて書くことがよいでしょう。

大切なのは、まとめ役として担当者が書くとしても、ミーティングなどで他人の意見を聞き、確認をとることです。

また、記入した内容に基づいてサポートしても、それでよかったのか絶えず入居者を観察し、記録に残していくことで、確認と見直しにつながります。

Q 不可能な要望への対応は記載すべきでしょうか？

A たとえ実現不可能な要望だとしても、伺ったことは、その人を知る意味でも書いておいた方がよいでしょう。そして、「サポートの必要な事」の欄に、できない理由についてや、入居者に言われた時の対応（答え方）を書いておきましょう。チームで対応する時には、統一した対応が入居者に安心を与えます。

Q 言うことや行動が毎日異なる、日によって異なることがあります

A こうした場合、とりあえず多くみられる行為や要望を中心に、時間軸に沿って書きます。そして、同じ時間帯に異なる「生活リズム」「意向・好み」がある時は、「お花の会に行く（火曜日）」「紅茶がいい（時々ある）」「日により好みを言う」など、日が限定できる場合はその旨を書き、限定できない場合は不特定であることを表記するといいでしょう。

また、「自分でできる事」は、状態や疾患によって、日によって異なることが多いので、見られる現象は書いておくといいでしょう。「サポートの必要な事」は、それぞれに対応する事柄を書き、どの職員が対応しても入居者に迷惑をかけない統一した対応をとりましょう。

Q どこまで自分でしてもらうか、またサポートするのかを記入すればよいでしょうか？

A ケアプランの考え方につながることなので、他職種を含めたチーム全体で検討し、記入しましょう。要介護状態にある入居者なので、日によって身体の状況は変化します。「ここまで」と言い切れることが難しい場合もあるでしょう。また、入居者の気持ちも大きな要素になります。チームによる判断と状況を含めて、できる限り詳細に書きます。

Q 人物像やADLまでわかるように記入すべきでしょうか？

A 「サポートの必要な事」の欄は、相手を知らなければ書けません。ADLや既往歴は、まとめてフェイスシートに書いておくのもよいでしょう。また、絶えず疾患や障害を意識してサポートする必要があるときは、「サポートの必要な事」欄に書いておくのもいいでしょう。「自分でできる事」の欄には、どこまで自分でできるのかを書きます。ですから、入居者のADLを理解できる状況にあると思われます（理解できない職員がいる場合は、「サポートの必要な事」欄にADLを書き、入居者に迷惑をかけないようにしましょう）。

一方、人物像はといえば、「この入居者はこのような人だ」という判断は職員の主観といえます。その判断の根拠を示すことは難しいでしょう。入居者本人が「自分は○の人」という表現をしたり家族が言っている場合は、「○のような人だと言っている」と「意向・好み」欄に書いておきましょう。

Q 24Hシートはいつ作成したらよいでしょうか？

A これは施設の方針によります。大きな考え方としては、常勤や非常勤、パートなど、雇用形態による違いで対応していることが多いようです。24Hシートを作成する働きを求められる常勤職員であれば、いつどこで作成するのかは、人に決めてもらうのではなく、自分の責任と判断で対応します。非常勤やパート職員のうち、本来契約している仕事以外に24Hシートの作成を依頼された場合は、その働き方を保障する契約が必要となるでしょう。

記入後の確認

Q 記入後の確認のミーティングは、どのくらい時間をとるべきでしょうか？

A 内容が検討できる時間を確保できればよいことです。しかしそれは、検討する職員の力量によるところでしょう。検討する件数にもよりますが、人間が連続して集中できる時間はおよそ90分間といわれます。ですから、長くだらだらと続けるのはおすすめしません。担当者が記入した内容の検討なので、入居者に関する項目であれば、自分のもつ情報を提供して事実を確認する作業で済みます。

「サポートの必要な事」では、介護の視点ばかりではなく、他職種の専門的な意見を入れた検討になります。チェック項目に沿って、あらかじめ情報を得て記入をしておくと、確認で済むので時間の短縮につながります。

活 用

Q 職員間で24Hシートの理解が進みません

A 24Hシートは、今までにないケアの視点に根拠を示したものです。そのため、24Hシートの研修を受けた後、施設内で伝達研修をする程度の伝え方では浸透はしません。導入チームや検討委員会等をつくり、まずはそのメンバーが理解することです。チーム編成の準備から始めることをおすすめします。

Q 24Hシート＝マニュアルと理解する職員がいます

A そのような職員は、24Hシートを正しく理解していないといえます。再度24Hシートについて学ぶ機会をもつことが必要です。24Hシートをマニュアルとして使ってしまうと、被害を被るのは入居者です。目標としている「暮らしの継続」のサポートは達成できなくなります。

まずは、何を目標としてケアをしているのか、そのケアの視点は何か、そのためにはどのような手段（24Hシート）を使うのかという理解が必要です。

Q 1泊や2泊利用のショートステイの入居者に対する活用法を教えてください

A 24Hシートは、入居者（利用者）が1日をどのように暮らしたいのかを教えていただき、どのようなサポートをするのかを記載したものです。サポートを必要としている人であれば、どこに住んでいるのかという違いはあっても、情報を得ることは同じです。

施設の入居者、ショートステイの利用者、在宅の要介護者、デイサービスの利用者など、いずれについても、その人の暮らしに関する情報とサポートの情報を得てケアを展開することが、介護の基本です。

といえども、そのような人のデータを取り管理するのは大変です。1日しかいないのにデータを取るの？　と言う職員の声も聞こえてきます。1回取っておけば、次回はその違いだけ書けばよく、何といっても自分たちの勘によるケアはあり得ません。根拠のあるケアが基本です。

Q フェイスシートがあるのに24Hシートが必要とされる理由を教えてください

A 施設によってフェイスシートに記載する内容に違いがあると思いますが、おおむね入居者の身体状態・生活歴・既往歴と主な生活リズムと生活能力を記載していることでしょう。例えば「食事は7時・12時・19時の3回でおおむね自立している。好みはカレーライス」などです。

24Hシートには24時間軸で入居者の生活行為を詳細に記入し、各行為に対するサポート方法も同時に記載しています。ですから、フェイスシートは入居者の全体像を把握する書式、24Hシートは入居者の1日の暮らしぶりと具体的なケアの方法を示したものなので、内容に差があります。最近では、フェイスシートのいくつかの項目を24Hシートに移している施設もあります。

Q 他職種の理解が得られません

A 単に「24Hシートを導入したい」と伝えても、特に上司や施設長は首を縦には振らないでしょう。ですから、次のように話を進めてみましょう。
①自分自身が24Hシートのことを理解し、話せるようにしておく
②導入の効果を具体的に示せるようにしておく
③導入までの具体的な企画を作成する
④導入に賛成する何人かの仲間を見つける

　最低限この程度の準備をして、上司に話しに行ったり、施設長に理解を示してもらいましょう。
　施設長の理解が得られて施設全体で導入することになれば、他職種にも勉強会等に参加してもらい、理解を得る機会をもちます。

Q データをとってもケアに活かされていません

A 24Hシートを作成するまでにどのくらいの人力（人件費）がかかっているのかを考えたことがありますか。これだけの人件費を無駄にするということは、その分、入居者に不利益を与えることになります。
　とはいうものの、現場の職員にはなかなか理解してもらえないというのが悩みでしょう。その場合、基本に戻りましょう。
①24Hシートの意味を理解しているか
②24Hシートを作成すると決めたときに、ケアに活用することを理解していたのか確認したか
　この2つに戻って再構築していきましょう。

Q 24Hシートの導入を誰が行うのか、責任者が不在です

A 責任者がいないようでは、24Hシートの導入のみならず、どんなことでも前に進めるには困難がつきまといます。事業の推進には、さまざまな方法があります。インターネットには情報がたくさんあるので、そうした情報をもとに進めるのも方法です。
　そこでまずは、自分の所属する施設の組織がどうなっているのか、どのような職員がいるのか、上司はどうなのかなどを確認する必要があります。一般的には、施設長が旗を振ってくれると進めやすいでしょう。
①施設長が24Hシート導入の決意表明をする
②導入のためのチーム編成・組織化をする
　まずはこの2つの取り組みが必要です。施設によって違いがあるので、自分たちの施設にあわせた方法を選択してください。

Q 24Hシートを理解している人、説明する人がいません

A 組織として24Hシートを導入すると決めたならば、方策を考えなければ先に進みません。方法としては、以下の事柄が考えられます。
①チームや委員会を編成し、参加者に勉強してもらう
②外部の24Hシートの勉強会に参加したり、導入施設に教えてもらう

③外部施設の効果を実感し、自分たちも導入したいと誓う
　　導入したいと自分たちが思えることが大切なので、その機会をもつことを意識しましょう。

Q 24Hシートはどのように活用すればよいですか？

A　24Hシートは何のために作成しているのでしょう。入居者が1日をどのように過ごし、専門職は何をサポートすればよいのかを知るためです。これがなければ、根拠のない、自分流のサービスになってしまいます。

　ですから、導入する段階で24Hシートの意義を理解し、ケアに活用するという意識を職員間で共有して取り組む必要があります。作成までには多くの労力が必要です。せっかく作成しても、活用しなければその労力は無駄になります。

　有効な活用方法としては、ケース記録の記入時に24Hシートを隣に置いて参照するとよいでしょう。記録時に毎日24Hシートを読むことになり、自然と活用に結びついていきます。

Q 24Hシートが活用されているかどうかを把握する方法はありますか？

A　ケース記録と24Hシートを付き合わせてみればわかります。24Hシートは、1日の暮らしのケアの見積りなので、見れば、見積りを活用した後の記録か、全然違う視点による記録かのどちらかが見えてくるはずです。

　異なる視点の記録とは、「課題解決型の視点」か「いつもと違うことを記録する視点」の2つが考えられます。これは24Hシートの意義の理解が進んでいないこと、突き詰めれば、施設の理念が理解されていないことになります。早急に治療をしないと手遅れになるでしょう。

Q 24Hシートがマニュアルになってしまい、やらされ仕事と感じている職員が多くなりました

A　マニュアル化の原因は、導入の段階で内容の共有ができていなかったことにあります。24Hシートとはどんなものか、その目的を再確認しましょう。一部の職員にそうした風潮が生まれたときは、プロジェクトチームが確認・修正していきましょう。

Q 24Hシートとケアプランの関係はどうなっているのですか？

A　24Hシートは入居者の1日の暮らしぶりとそのサポート内容を書いたもので、暮らしの基本といえます。24Hシートによって、暮らしぶりの全体像が見え、入居者の望みや課題も明確化されます。ケアプランはここを出発点として、短期・長期の目標へとつなげていけばよいと思います。無理に24Hシートとケアプランをつなげようとするのではなく、ケアの目的を知る方法として24Hシートとケアプランがあるという理解があれば問題ないでしょう。

更　新

Q 更新された項目を見分ける工夫を教えてください

A 　大幅な変更があって別の用紙に変更された場合は、ミーティングや日報、申し送りで伝達しましょう。一目で変更事項を見分けるためには、
①色使いを変える
②今までのデータに線を引いて書き換える（手書きの場合）
③囲みやマーク・記号など、何らかの印をつけて喚起する
　などの工夫が考えられます。

演習 24Hシートを作成してみよう

さあ、ここで実際に24Hシートを作成してみましょう。

① ケアの目標は？

② ケアの視点は？

③ 24Hシートの導入によって、何を改善したい（何をしたい）ですか？

④ 下の図に、24Hシート作成の手順を並べましょう

⑤ 朝の場面について聞き取りシートを作ってみましょう。

⑥**自分をモデルにして書いてみましょう。**

> あなたは、要介護4で、歩行できずに車いすの生活です。車いすへの移乗はでき、モジュラー型車いすを使用しているため、一人での移動も可能です。認知症はありませんが、左手足に麻痺があり、食事は福祉用具を使用して食べています。

暮らしぶりとサポート方法を24Hシートに書いてみましょう。

時間	生活リズム	意向・好み	自分でできる事	サポートの必要な事

※横の線は自分で書きましょう

⑦**更新の時期はいつでしょうか？**

⑧**あなたが活用したいと思う24Hシートについて、課題はありますか？**

第4章
24Hシートと記録

1 情報の伝達と共有

1 チームケアの現状

　施設や事業所で介護をするには、働く仲間の存在は不可欠ですが、その仲間たちとの情報共有がなかなかうまくいかないのが現実ではないでしょうか。仲間たちは他職種であったり、勤務時間がそれぞれであったりするので、情報共有のためには工夫が必要です。

　研修で受講者に「チームケアで必要なことは何ですか？」と尋ねると、「チームケア＝情報共有＝ホウ・レン・ソウ（報告・連絡・相談）」という答えが必ず返ってきます。再度、「では、ホウ・レン・ソウでは、誰に何を伝えるのですか？」と尋ねると、「……」答えが返ってきません。このように、情報共有の具体的手段や内容が整理されていない現状なのです。

　それでは、皆さんの施設の状況を振り返ってみましょう。施設内で、毎日、必ず共有しておかなければならない情報は何でしょうか？　情報をどのように整理し、伝達しているでしょうか？　整理されず、何となく情報を伝えていると、チームケアはうまくいきません。チームケアに取り組むためには、まずは情報の分類・整理から始めましょう。

2 情報の分類と整理

　施設において、毎日共有したほうがよいと思われる基本的な情報には大きく「入居者関係」「施設の行事連絡」「他部署・他ユニット関係」があります（**図表4-1**）。

　「入居者関係」とは、入居者の1日の暮らしぶりのすべてを書くのではなく、24Hシート（見積書）の内容とは違う暮らしぶりやサポートしたことを書きます。そうすることで、いつもの様子との違いが一目瞭然になります。具体的な違いはケース記録から読み取ります。ここで大事なことは、入居者のいつもとの違いやポイントを伝達できるように整理することです。なお、「入居者関係」には、入居者だけではなく、家族等すべての関係者が含まれます。

　「施設の行事連絡」は、施設でその日に行われるレク活動や行事、訪問者等の予定

図表 4-1 毎日共有すべき情報の分類

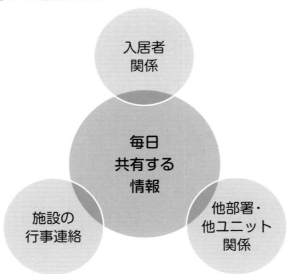

とその結果です。

「他部署・他ユニット関係」は、インフルエンザの予防接種日のような医務室や栄養課等の他部署からの連絡事項や、ショートステイの利用者情報のような他のユニット(グループ)からの連絡事項です。

3 情報の伝達と共有の手段——記録

次は分類された情報をどの手段で伝達するかを整理します。施設では、職員皆で顔を合わせ、口頭での「申し送り」で情報を伝えていることが多いかと思います。これは直接話ができるので大変よい方法ですが、参加していない人への情報伝達はどうするのか、さらには、話の聞き洩らしや勘違い等も生じないとは限りません。そこで、口頭での申し送りに代わる手段として、文字(記録)で情報を表す「日報」を使います(図表4-3)。

このように、チームケアには、「共有すべき情報の整理」と「その情報をどのような手段で伝えるか」の2つの視点が必要になります。伝達と共有の基本的手段は、文字にしていくこと、つまり記録になります。施設(事業所)において、一番よい記録の方法を考えてみてください。ただし、気をつけなければならないことは、記録は「伝わりやすく簡潔」であることです。

2 記録の役割

1 仕事の成果と情報の伝達・共有

　記録には、「情報の伝達・共有」と「仕事の成果を表す」という2つの役割があります（図表4-2）。

❶情報の伝達・共有

　チームケアに欠かすことができない「情報の伝達・共有」のための記録で、大事にしたいことは、「伝わりやすい＝簡潔」であることです。文字量が多く、あれもこれも読まないと伝わらないのでは、時間がかかり、すべてを読む人も少なく、伝達はうまくいかなくなります。

　そこで、読む量が少なく、それでいて情報が伝わる方法は「簡潔でわかりやすい」です。その具体的な手段として、1日の出来事の概略が1枚でわかる「日報」（図表4-3）と、入居者の暮らしぶりとサポート内容が時系列的に書かれた「ケース記録」（図表4-4）の2種があればよいでしょう。

　手段を少なくしても、読みにくいものでは共有できません。共有しやすいということは、「見やすい」ということです。まとまりのない長々とした文章では、何を伝えたいかわからないということもあります。また、同じことを時間ごとに何回も書くと文字量が多くなり、どこがポイントだかわからなくなります。「書けばよいだけ」の記録ではなく、「簡潔でわかりやすい」という視点で記録を書くことが大事です。

❷仕事の成果を表す

　記録のもう一つの役割は「仕事の成果を表す」ことです。介護の目指すところは、「入居者の暮しの継続」です。そのために、入居者の1日1日の暮しをサポートします。したがって、入居者の1日の暮らしぶりとサポート内容の両方が記録に書かれることが大事です。

　記録は、実績（仕事の成果）として、本人や家族に開示することが基本ですので、造語や難しい専門用語は避ける必要があり、誰でも読んでわかるようにする必要があります。職員のサポート内容が中心のメモ書きのような記録がありますが、家族に開

図表 4-2 記録の整理

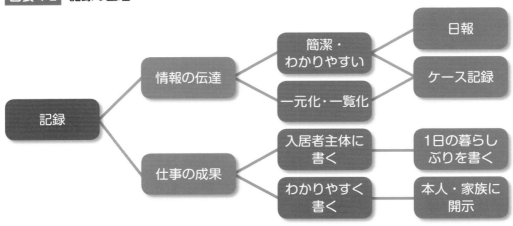

図表 4-3 日報の例

施設全体の動き					平成　年　月　日（　）		
入居者の状況							

施設全体の動き				
	内容		時間	
全体の動き	会議　出張　研修 委員会　見学者　催し その他		13:30	○町 民生委員 10 名
サークル 倶楽部	書道　絵葉書　生け花 囲碁　将棋　歌		10:00	中村：参加
診察等	定期診察　リハビリ 通院　入院　退院 検査			
勤務	早番	松本　藤井		
	日勤		※	
	遅番	宮口		
	夜遅			
	明番	出井		
	公休	金田　西村		
	代休			
	有給			
	※勤務変更 藤井：日勤→早番		※検査通院対 応のため	
その他の連絡事項				
看護師	・今週火曜日から金曜日まで職員のインフルエ ンザ予防接種開始 期間中に必ず済ませること			

入居者の状況		
時間	名前	内容
10:00	荻野	娘さんと一緒に外出　昼食も外で 済ませる 少し疲れている様子
15:00	相澤	腰痛の訴えあり通院　臨時薬あり 明日午前中検査
明日朝	石田	今晩 20 時以降食事中止（食止め 済み）
他ユニットから		
14:00	斉藤	2 ユニットに本日入居

第 4 章　24H シートと記録

示するには読みにくく、開示の視点が欠けているように感じられます。あくまで、入居者の暮しぶりがわかり、その暮らしの継続のためにしたサポート内容を記録するものであることを忘れないようにしましょう。

以上の2つの記録の役割を達成するためには、次の①〜④を心がけましょう。

①記録とは、施設の理念に沿った支援の結果を記載するものである。理念を全職員に浸透させる必要がある。
②理念に基づいた具体的なケアの視点は「入居者の1日の暮らし」に置き、その結果を書いたものが記録であることを理解する。
③情報の伝達のためには、「簡単でわかりやすい」ことを心がけ、書きやすい書式の工夫をする。
④家族等へ開示をするのでその視点も忘れないような書き方をする。

図表 4-4 24Hシートと連動したケース記録の例（チェック表が組み込まれている）

時刻	生活リズム	支援したこと	支援時の様子・環境	飲み物内容	量(mℓ)	おやつ内容	食事 主/副/汁	割合	排泄 便/尿量	形状・臭い排泄用品	入浴	健康
0:00												
1:00												
2:00												
3:00												
4:00												
5:00												
6:00												
7:00	10 起床、トイレ・着替え・洗面	移乗・誘導衣類準備	自分でお腹をさする						●	オムツ 1 パッド 1		
8:00	20 食事	食事準備		お茶 / 牛乳 / 水	100 / 200 / 50	ヨーグルト 1	朝食 主10 副10 汁10			トースト 1		服薬
9:00	新聞・テレビ 30 歯磨き・化粧	バイタルチェック										熱 36.0℃ 血圧 115/85 脈拍 84
10:00	30 トイレ・外出	昼食後の薬の準備	突然の外出で驚いていたが、うれしそうに出かけた						●			
11:00												
12:00	(*外食)			*コーヒー *水	250 100		*うな重 *サラダ *コーヒー					服薬（家族対応）
13:00	↓											
14:00	30 トイレ ベッドに横になる	移乗	少し疲れた表情						●			
15:00	45「起きます」	移乗										

3 記録の工夫

1 記録の書式の整理と種類

　研修で受講者に記録の種類のアンケートをすると、「日報、ケース記録、申し送りノート、排泄チェック表、食事チェック表、バイタル測定チェック表、業務チェック表……」と、おおよそ5～6種類が挙げられます。そして、悩みとして、「書く物が多くて……」「記録は残業になってしまう」などの声も聞こえてきます。

　悩みであるにもかかわらず、解決策が打ち出せないのは、「記録は書かなくてはならないもの＝書いておけばよいもの」という観念が強いためなのではないでしょうか。「何のための記録なのか？」という視点で、記録を整理してみましょう。

　前述したように、記録は「情報の伝達・共有」と「仕事の成果を表す」役割があります。この視点でどんな種類の記録があればよいか考えてみましょう。

❶情報の伝達・共有のための記録の種類＝日報

　情報の伝達・共有のためには、可能な限り少ない種類で情報の把握ができることがベストです。とはいえ、介護の仕事上、その日の施設全体の出来事を把握する視点と、入居者の暮しの継続を把握する視点が必要ですので、すべてを1枚にというわけにはいきません。

　前者の視点としては、「日報」（図表4-3）があります。この1枚を「読めば、その日の出来事がわかる項目立てをします。毎日共有すべき情報の分類の「入居者関係」「施設の行事連絡」「他部署・他ユニット関係」が入ります（図表4-1）。

　申し送りノートにこの機能の一部をもたせている施設もあると思います。申し送りノートを日報の中に組み込むと情報が一元化されます。どこに何が書いてあったかを探す手間がなくなります。大事なことは「簡潔でわかりやすい」ことです。この1枚があれば、連続休暇を取った後でも簡単に情報が把握できるはずです。

❷仕事の成果を表すための記録の種類＝ケース記録

　仕事の成果を表すという視点から、「ケース記録」（図表4-4）があります。ケアの視点は「1日の暮し」になりますので、書式は24Hシートと同様に0時から24時までの

時系列的なものになります。できれば1日1枚のイメージで、それを積み重ねると変化が見えるようにするとよいでしょう。

　この書式の特徴は、チェック項目が入っていることです。記録の種類が多い要因として、チェック表が多くあることが挙げられます。ケース記録にチェック項目を入れることで、チェック表を少なくすることができます。

　そもそもチェック表とは何を意味しているのでしょうか。ごみ捨てや床掃除などの作業状況を見るためのものは別としても、入居者全員の排便チェック表を一覧にするのは、何の意味があるのでしょうか。それは、排便をコントロールするための、言い換えれば業務遂行のためのチェック表ではないでしょうか。

　入居者にとってみれば、なぜ排便がないのかを、食事量、水分量、昼の活動状況や睡眠状況など個々の状況を見て判断してほしいと思うはずです。入居者の生理的な面のチェックも踏まえ、専門的視点を発揮できるように、入居者の排泄や食事等のチェック表はそれぞれの入居者のケース記録に入れるようにします。これにより、生理的な側面も踏まえた1人の入居者の暮らしぶりを総合的視点でサポートできるようになります。

❸ケース記録の記述内容の整理

　ケース記録に書く内容は、1日の入居者の暮らしぶりとサポートした内容です。あくまで、入居者の暮しぶりがわかり、その暮らしを送るためのサポート内容を書きます。書き方は、「24Hシートを見ながら書く」です。何を書けばよいのかがわかります。暮らしの基本は「食べて・出して・寝起き」ですので、これに「入浴」も入れたものは最低限必要でしょう。

　また、重点項目やケアプラン項目を見逃さないよう24Hシートに印を入れておく工夫も必要です。

　図表4-5に示す書式は以前よく使われていました。日時と特記事項と記入者の欄で構成されているこの書式の視点は、課題に対して特記すべきことを書くという「課題解決型」の視点になります。そもそも論としてケアの視点が違いますので、このような書式は使うことはないでしょう。

❹記録のIT化

　近年、施設ではITの導入が進んでいます。手書きとコンピューター入力のどちらがよいかということではなく、共にメリットと課題がありますので、その点を理解して導入を進めることが大切です（P.117のコラムを参照）。

図表 4-5 従来のケース記録用紙の例

部屋番号		氏名	
日　時	特　記　事　項		記入者

2 記録の一元化・一覧化

　ケース記録において、情報伝達・共有をしやすくするための工夫として、「一元化・一覧化」があります。今までは「入居者Aさんが38度の発熱をして、通院した」という、入居者のサポートの状況を記したケース記録は、介護、看護、相談員など、職種別にそれぞれ記録がされていることが多くみられていました。しかしこれでは、同じ事柄を同じように記載する時間と労力が無駄です。書き方次第では、情報にずれが生じることもあります。

　そこで、一人の入居者に関する事柄を一つの書式に統一し、多職種が書き込むこと、すなわち「一元化」の工夫がされています。一元化により、情報にずれがなくなり、スリム化され、共有もスムーズにできます。

　一元化された書式を、入居者の生活する身近に置くことを「一覧化」といいます。ユニットケアでいえば、ユニットのリビングに置くことです。入居者の暮らしの場に置くことで、タイムリーに記録でき、また読むことができるというメリットがあります。

　介護職以外の職員は、ユニットに足を運んで記録することになりますが、入居者や介護職と交流をもつ機会になります。また、パソコンを利用している場合は、どこでも記録ができるので便利です。この場合、職業倫理の守秘義務については言うまでもありません。

コラム
チェック表とケース記録

　個人の生活リズムのチェック表は、**図表4-6**ように入居者の一覧として存在してきました。すべての入居者の様子を一覧で把握するには便利なものでした。特に排泄チェック表による排便の確認は、その効果が抜群だったことでしょう。

　しかし、たとえば森田さんという男性の入居者に関して、朝の目覚めは大体7時頃で、朝ごはんは8時に軽く一杯のご飯……というのが、半年後に朝の目覚めは8時頃、朝ごはんは9時におかゆを半膳と変わったらどうでしょうか。食事チェック表だけでは、食事の摂取量が少なくなったことは把握できますが、生活全体が変化していることは、ほかの記録を読まなければわかりません。

　身体的な変化は一つの生活行為だけでは測りきれないことが多いものです。だからこそ、生活行為のチェックは、一人ひとりのケース記録にチェックして生活全般にあわせて把握する視点が求められます（**図表4-7**）。

　この方法では、すべての入居者の情報が把握できないと思うかもしれません。個別ケアでは、少ない生活単位（入居者の単位）に専属の介護単位（職員の単位）という体制を敷き、担当する入居者一人ひとりの状況が把握できる構造になっているのです。

図表4-6　個人の排泄リズムのチェック表一覧

	1日	2日	3日	4日	5日	6日	7日	8日	9日	10日	11日	12日	13日	14日
Aさん	○				○	○				○	○			
Bさん	○	○	○	○	○	○	○	○	○	○	○	○	○	○
Cさん												○		
Dさん	○			○				○		○				
Eさん		○			○					○				
Fさん	○				○						○			
Gさん	○	○		○		○		○						
Hさん	○		○								○	○		
Iさん	○		○				○				○			

図表4-7　チェック表を兼ねたケース記録

| 時間 | 生活リズム | サポート内容 | 生活の様子 | かかわり | | 飲み物 内容 | 量 | おやつ 内容 |
				家族	地域			
0:00								
1:00								
5:00								
6:00								
7:00	ベッドから起きる トイレに行く 着替え・洗面	○	お腹を自分でさする					
8:00	朝ごはんを食べる	○	お茶をおかわりして2杯飲む。今日は牛乳を温めてほしいということで温める					
9:00	リビングで新聞を読み、テレビを観る 居間で歯磨きと化粧をする	居室まで自分で車いすを自走したのでサポートなし	今日は身体の調子がいいと話され、車いすを自走された					

4 24Hシート(ケアの見積書)とケース記録(ケアの明細書)

1 ケアの見積書と明細書

　一般的に、どんな会社でも見積書と明細書(請求書)があって事業が成立しています。介護の世界はどうでしょうか。以前の話になりますが、「介護は文字にできない産業」という言葉も存在していました。介護という行為は、表現が難しく文字にしにくいということでした。しかし、24Hシート(ケアの見積書)とケース記録(ケアの明細書)を作ることで文字化することができるようになりました。

　その内容を整理してみます。24Hシートは、入居者が1日どのように暮らしたいか、そしてそれを職員がどのようにサポートするかを見積もったもの(ケアの見積書)です。ケース記録は、入居者が1日をどのように暮らし、職員がどのようにサポートしたか、その結果を表したもの(ケアの明細書)になります。

　24Hシートとケース記録には、「入居者の1日の暮らしぶり」と「そのサポート内容」という共通の目的が存在します。その相関関係を示したものが**図表4-8**で、それを具体化したものが**図表4-9**です。

図表4-8　24Hシートとケース記録の関係

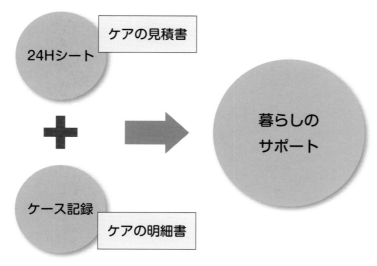

24Hシートは見積書ですから、**図表4-9**でいえば「6時～7時に目が覚める」という書き方になります。ケース記録は明細書（実績）ですから、今日は「6：45　目が覚める」になります。見積りと明細（実績）の関係がこれでわかると思います。

　24Hシートとケース記録を見比べながらサポートを続けると、さらにその変化に気づくことになります。

　この入居者の通常は、「目が覚めて・ベッドから起きて・洗面等をして・リビングに行き朝食」です。しかしこの日は、「ベッドから起きて・トイレに行き・洗面等……」です。トイレという行為が1つ増えています。もし、これが毎日続くようでしたら、入居者の暮らしのリズムに変化が出てきたということです。

　見積りがあるからこそ、変化に気づく。明文化されているからこそ、誰でも変化に気づけることになります。

　24Hシートとケース記録は、見積書と明細書の関係から、単にその品質を保証するだけではなく、介護で大事な「気づき」の視点も養成することができるのです。

図表4-9　24Hシートとケース記録

24Hシート（見積書）

時間	生活リズム	サポートの必要な事
6:00～7:00	目が覚める	目が覚めていることを確認して、カーテンを開けるか確認をしてから開ける
7:00	ベッドから起き上がる（*）	サイドレールにつかまり1人で起きるので見守りが必要（日により手助けが必要・本人から依頼あり）
7:30～8:00	歯磨きと洗顔・髪をとかす	車いす移乗介助
8:00～9:00	リビングに行く（★）朝食	車いすからいすへの移乗介助　ご飯は半膳・板海苔を用意

（*）重要項目
（★）ケアプラン項目

ケース記録（明細書）

時間	生活リズム	サポート内容	サポートの様子
6:45	目が覚める	○	昨夜はよく眠れ気持ちがよいと話されていた
7:15	ベッドから起き上がる	○介助依頼なし	昨夜の睡眠で体調がよいと話されていた
7:30	トイレに行く	便座への移乗介助	昨夜よく寝たのでトイレに起きなかったため、早朝のトイレが今になる
7:50	歯磨きと洗顔、髪をとかす　リビングに行く	○	車いすを足でこいでゆっくり5分かけてリビングにいらした
8:20	朝食	○	ご飯1膳・牛乳も飲む　Nさんと昨日外出話で盛り上がっていた

5 記録の活用

1 記録にまつわる疑問

　介護現場では、記録の役割をわかっていてもうまく活用できない現状があります。次に示した事柄は、研修でよく聞かれる悩みです（**図表4-10**）。この悩みは記録の改善ですべて解決できます。

❶何を書いてよいのかわからない

　まずは、「ケアの理念（暮らしの継続）」と「ケアの視点（1日の暮らし）」をしっかり理解しましょう。次に、24Hシートに沿ったケース記録用紙（0時から24時の時系列、**図表4-4**参照）を用意します。24Hシート（見積書）を見ながらケース記録を書くことで、見積りの通りかそうでないかがわかります（**図表4-8、4-9**参照）。その違いを書けばよいのです。

　そして、重要項目やケアプラン項目は必ず印をつけて記録に残します。24Hシートを見ながら記録を書けば、これらの項目に気づくことができます。

図表4-10 記録の悩み

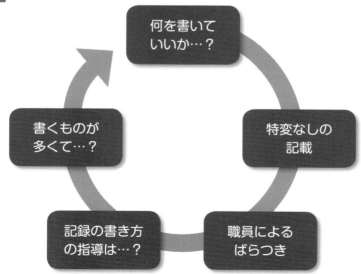

❷「特変なし、特記なし」と書いてはいけないといわれるが、実際にどのように書けばよいのかわからない

これまでは、記録にはいつもと変わったことを書きなさいと言われていました。何を書けばよいか悩むのは当然です。まずは、❶の回答のように、「ケアの視点」から勉強しましょう。次に書式です。図表4-5のような書式を使用しているのであれば、図表4-4の書式に変更しましょう。あとは、❶の回答と同じです。

❸職員によって書き方のばらつきが多い

まず、ケアの視点（1日の暮らし）が共通理解されているか確認します。傾向として「課題解決型」の視点になっている場合が多くあります。何か特別なことを書くことが記録だと思っている場合もあるので、きちんと記録の意義を理解しましょう。

そして、図表4-8、図表4-9の通り、24Hシートとケース記録が連動していることが大切です。24Hシートを見積りとして作っておけば、記録を書くときに結果を書けばよいので、ばらつきは少なくなります。24Hシートを作るときには、必ず入居者ごとのケアプラン項目、重要項目を決め、印をつけるなど、自然と記録ができる（書かなくてはならないことを明示する）ようにする工夫も活用しましょう。

❹記録の研修をしているが、なかなか改善できない

厳しい言い方ですが、研修講師が理解しているかどうかにかかっています。まずは教育の基本として、ケアの視点が「1日の暮らし」であること、そのために仕事の成果を記録すること、他者に伝えるために書くことの説明が必要です。さらに、簡単でわかりやすい記録のマニュアルを作りましょう。マニュアルをよいものとするために、作成者は介護長等の介護責任者がよいでしょう。マニュアルに基づき何回も勉強会をすることをおすすめします。

もう一つの教育方法は、自然と書けてしまうように仕向けるという方法です。それは、前述の書式に整理することと、24Hシートを見ながら記録を書く訓練をすることです。この2つを徹底することをおすすめします。

❺記録が多くて、書くのが大変

前述した通りに、まずは記録の種類を減らすことです。もう一つの方法は、ただ書けばよいという記録の仕方を改めることです。長々と思うままに書かずに、情報伝達・共有のためにどう書けばよいのかを考えて書きましょう。たとえば、要点を箇条書きにして整理する方法や番号をつけて整理する方法があります。絶えず、何のため

に記録があるのかという意識をもてば、簡素化は進むと思います。

> **コラム**
> ## 24Hシートに沿った記録の効果
>
> 　記録では、5W1Hの書き方が推奨されています。特に「生活の様子」を書く時は「だれが・何を・いつ・どこで・なぜ・どのように」という視点は欠くことができません。
> 　課題解決型のケース記録（**図表4-11**）では、5W1Hでなければ相手に伝わらないので、こうした書き方が推奨されてきました。しかしこの書き方は、書き手の個人差が大きく、標準化しにくいという悩みがありました。
> 　突然介護という仕事に就き、早速記録を書いてといわれても、5W1Hを意識した書き方は難しいものです。しかし、チームで仕事をする場合、情報の伝達と共有がなければ仕事が進みません。そこで、24Hシートに沿った書式にすれば、必ずしも5W1Hを意識する必要がなくなります。内容の省略も可能で、一石二鳥です。
>
> **図表4-11** 課題解決型ケース記録の例
>
> | 日時 | 特記事項 | 記録者 |
> |---|---|---|
> | 4月2日10時 | 隣のKさんとリビングでTVの内容で話が盛り上がっていたが、急に怒りだして部屋に帰ってしまった。 | 秋葉 |
> | 4月2日22時 | 夜間の様子は特記なし | 森田 |
> | 4月3日 | 今日は特変なし | 榎本 |
> | 4月5日8時 | Kさんと廊下で怒鳴り合いをしている。 | 石田 |

パソコン派？　手書き派？

　研修では、記録はパソコンがよいのか手書きがよいのかという質問をよく受けます。どちらにもメリットとデメリットがあります。両者を理解したうえで、施設で方針を決めるとよいでしょう。携帯電話も、パソコン並の機能が装備されたスマートフォンにシフトする時代です。記録もIT化が避けられないでしょう。

　このような質問が出る背景には「パソコンを使えない職員がいるので、使わないほうがよい」という現実があります。しかし、多くの職員は携帯電話のメールを使っているので、できないことではないでしょう。使いやすいソフトを探してみてはどうでしょうか。できない人には教えるという教育が大切です。

　さらに大きな問題として「現状を変えたくない」という意識が挙げられます。やるかやらないかではなく、現状を変えたくないという根強い意識です。プロの仕事というものは、常に向上を求められます。他業種の進歩にはめまぐるしいものがあります。自分の殻に閉じこもるのではなく、いろいろな情報を得たうえで整理をしていきましょう。

第5章
24Hシートとケース記録が導く入居者を知るデータ（統計処理）

1 入居者の暮らしのデータの活用

ただでさえ、直接介護で大変な時に、「なぜ24Hシートを作成するのか?」「なぜ、ケース記録を書くのか?」と思うでしょう。

これらの情報をもとに、入居者をイメージしてください。その人となりが見えてきましたか?

24Hシートとケース記録を連動することで、人となりが見えます。しかし、文章の読み取りだけでは、個人の感覚による差が生じ、断片的な知見になりやすいです。

24Hシートと連動しているケース記録は、時間軸で詳細に暮らし方を表現しますので、データに表すことができます。**図表5-1**と**5-2**の通り、誰が見ても同じように、入居者の暮らしぶりをデータで正確に把握できます。今介護に求められていることは、根拠を客観的に示すこと、つまりデータ化することです。

1 入居者の暮らしを見える化(データ化)する

データ化する視点は、ケアの視点「1日の暮らし」にあります。24Hシートには何が書かれているのかを確認していきましょう。入居者の1日の暮らしの主な項目(食べて、出して、寝起き、入浴等)を挙げてみます。

①目覚めの時間
②排泄の時間と回数、量や形状
③朝食の時間と量、食形態
④朝食後の状況
⑤昼食の時間と量、食形態
⑥入浴の時間とその状況
⑦昼食後の状況
⑧昼寝の有無と時間
⑨夕食の時間と量、食形態
⑩ベッドに入る時間
⑪夜間の様子

図表 5-1　1週間ごとの入居者の暮らしの統計処理

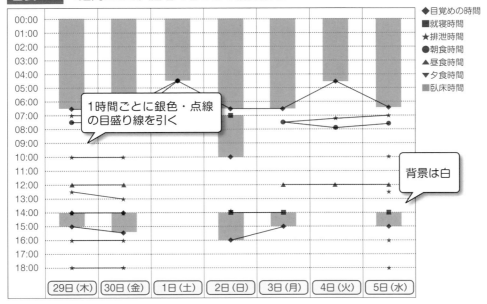

図表 5-2　1か月ごとの入居者の暮らしの統計処理

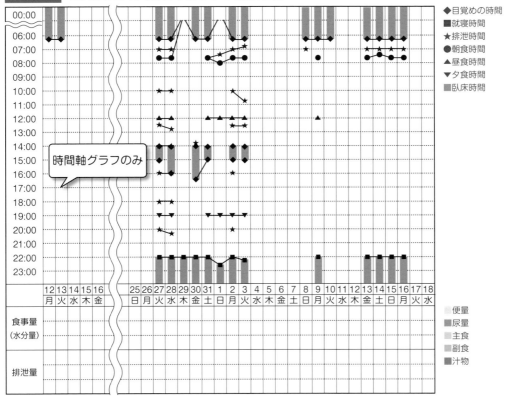

※このデータ（統計の仕方）の処理とシステムは特許登録済です。

⑫ベッド上の時間

　このほか、薬の状況やADLなど、どの入居者も多くの情報をもっています。この情報をデータ化することで、状況と根拠をもった変化を示すことができます。

　人が暮らしていくことを、食事だけの変化、排泄だけの変化でとらえるのは難しいです。「朝7時に起きて8時に朝ご飯をパン1枚食べていたが、3か月後には8時頃の起床となり朝ご飯は9時頃でおかゆになった」というように、暮らし全般がどうなっていくかをとらえることが必要です。特に要介護者は人生の終焉に向けての暮らしが展開されていますので、暮らしの全体像を的確にとらえてサポートすることが大切です。そのためのデータとして、24時間1日の中でどのような暮らし方がされているか数値・数量化することが大事になります。

　図表5-1と図表5-2は、縦軸に0時～24時と1日の時間軸を設定し、横軸に1週間・1か月・1年等と観察の期間を設定しています。この表に、各時間帯の入居者の生活行為をプロットし、1日の暮らしぶりを見ていきます。さらに、プロットを観察期間に基づき、線でつなげると暮らしぶりの変化が見えるようになります。この表のメリットは、一目で総合的な暮らしぶり（変化を含む）を把握できることです。

　食事量や水分量等の経時変化は個別データとして収集することが多いので、たとえば、「食事量が少ないが、日中の活動はどうなっているか？」という疑問に関しては、ケース記録の記載内容から把握するしかありませんでした。しかし、この表では、朝食時間の変化とともに、食事量、臥床時間、昼食時間、排泄時間・量等も見ることできるので、「食事量と日中の活動の変化」に一目で気づくこと可能です。

　高齢者の身体状況の変化は、症状として出ないことが多くありますので、日々の暮らしの微妙な変化から読み取ることが重要になってきます。今までは、熟練の介護職にしかできなかった微妙な「気づき」が、客観的なデータとして作成することが可能になります。

2 データの収集期間と分析

　データの収集期間は、1週間の変化をみる場合と、数週間、1か月、数か月、1年、在籍期間などさまざまですが、期間によって得られる情報は異なります。

| 1週間 | 急激な状態の変化を見ます。感染や発作など、急激に状態の変化があった場合の変化項目や変化の程度、回復の兆し等が詳細に分析できます。 |
| 2～3週間 | 1週間単位よりもゆるやかな変化、もしくは回復に時間を要している状況に有効です。 |

1か月	急な変化が生じた時に、大きな視点で暮らしを見るために必要です。たとえば疾患による症状は回復したけれど、生活行為のある部分に低下がみられたなどが明確になります。これは疾患と身体・精神状態の分析にもつながります。また、1週間に一度だけ遅く起きることがあるなどの変化を見ることにも有効です。
数か月	大きな変化がみられなかったり、予後に時間がかかっている場合、全体の流れをつかむために使います。
1年	高齢になると誰もが身体・精神面に変化が生じます。数値でこの変化を示すことで、高齢者の状況が明確になります。
在籍期間	施設に入居していた期間の暮らしぶりを振り返ります。数字で明確に示すことで、総合的に高齢者の身体と暮らしがわかります。

3 データから見えるもの

　介護現場では、入居者の状態について「なぜ水分をとらないのだろう」「身体状態が思わしくないのではないか」「いつもと違う」等の不安や疑問を感じることが多いと思います。その不安や疑問がデータで表されると、1人で感じていたことから、チーム全体で共有する視点に変わります。
　データ化することによって次の①～⑥が可能になります。

①高齢期の身体と疾患、暮らしの状況を明確に示すことができる。
②数値化することで、突発的なのか、継続的にこの傾向になってきているのかが明確になる
③24Hシートの更新の基礎データになる
④多職種が協働して検討する材料になる
⑤身体的な変化と暮らしぶりの変化を家族に明確に示すことができる
⑥ケアの振り返りの材料になる

　具体的には、「2か月のうち1週間程度昼夜逆転する時期がある」「2日起きて、2日寝る生活リズム」「臥床時間が長くなり、食事量・水分量・排泄量も少なく、終末期に近づいてきた」等の入居者の状況がデータにより「見える化」されます。特に、終末期ケアを行う際に重要な入居から現在までの暮らしぶりの変化をデータとして表わすことができます。
　自分が高齢者にならなければ、高齢期の状況は想像でしかありえません。また、こ

の想像が職員の勘や思いに頼りすぎれば、確実とはいえません。このように、職員の長年培った経験や勘、なじみの関係でわかる些細な変化をデータとして表すことで、状況の変化が実証されることになります。

24Hシートとケース記録の連動は、介護の専門性のさまざまな可能性を引き出してくれるのです。

> **コラム**
> ## 医療への活用
>
> 　朝食後の薬が処方されているのに、遅起きのため朝食が終わる時間が10時30分という利用者がいます。薬を飲む時間はこのままでよいのか、変更しなければならないのか、その判断をするためのデータとして、**図表5-1**、**5-2**を活用することができます。暮らしの変化が医師にも一目で理解してもらえます。
> 　治療も自分の暮らしを継続をするために行う行為です。このデータは医療にも活用できます。

資料

1 24Hシート・記録作成チェック項目

		項目	評価
チェック1		組織決定	
	①	組織で24Hシート導入を決定しているか	
	②	24Hシートを理解している人の育成はできているか	
	③	チームで担当を作り、フォローしているか	
チェック2		24Hシートの書式の理論	
	①	基本の5項目はあるか	
	②	項目名を勝手に変えていないか	
	③	項目数が多くなり過ぎていないか	
	④	開始時間は0時になっているか	
チェック3		聞き取りの準備	
	①	聞き取り項目はできているか	
	②	聞き取り項目の作成に他職種がかかわっているか	
	③	聞き取りの手法3つを理解しているか	
チェック4		24Hシートの書き方の理論	
	①	誰が見ても理解できる書き方になっているか（入居者の暮らしぶりとサポートが必要なことがわかるか）	
	②	主語が明確に表現されているか	
	③	理解しやすいように写真や絵を使用しているか	
チェック5		24Hシート記入後の確認	
	①	どういう場で確認をしているか	
	②	誰が参加しているか（他職種・家族・本人等）	

項目	評価
チェック6　24Hシートの活用	
①　ケース記録を書く時にそばに置いて見ているか	
②　マニュアル的なケアになっていないか	
チェック7　24Hシートの更新の時期	
①　状況が変化した時の見直しについて、施設の方針が決まっているか	
②　定期の見直しについて、施設の方針が決まっているか	
チェック8　24Hシートの一覧表	
①　誰が作成しているか	
②　どこに置いてあるか	
③　一目で見やすい表になっているか	
④　ケアのマニュアルになっていないか	
チェック9　ケース記録	
①　多職種で書き込んでいるか	
②　どこに置いているか	
③　1日の流れ（24Hシート）に沿っているか	
チェック10　24Hシートとケアプランの連動	
①　24Hシートとケアプラン、どちらを先に作るか	
②　24Hシートは誰が作るか	
③　ケアプランは誰が作るか	
④　24Hシートとケアプランの連動のための工夫をしているか	

2 | 24Hシート参考事例

時間	生活リズム	意向・好み	自分でできる事
0:00 2:00 4:00	○眠っている		
5:00	○トイレに行く①		・トイレまで歩く ・左手でズボン、下着を下ろす ・終えたことをコールで知らせる
6:00 〜 7:00	○ベッドから起きる ・着替える	・肌触りが良く、色のきれいな洋服が好き	・自分で起きる ・衣類を選ぶ ・ゆっくりと脱ぎ着できる
	・歯磨きをする	・歯ブラシ：柔らかめ	・義歯を洗い装着する ・歯茎を磨く
	・洗面する	・冷たいタオルで拭きたい	・顔を拭く
	・髪を整える		・くしで髪の毛をとかす
	○リビングに行く	・お茶を飲みたい	・お茶を飲む
7:30 〜 8:00	○朝食を食べる	【本人】 ・食べることが好きだから、おいしいものを食べたい 【家族】 ・好きなものを食べさせてほしい	・箸と手を使って食べる
	・薬を飲む		・薬を口の中に含み、飲み込む
	・片づけをする		・食器を重ねて脇に寄せる ・テーブルを拭く
	○健康の確認をする		
10:30	○トイレに行く②		【トイレ②】 ・トイレまで歩いて移動 ・左手でズボンと下着を下ろす、上げる ・いすへ座り、手を洗う
	○洗濯物たたみをする		・洗濯物をたたむ
	○飲み物を飲む	○甘い物が好き ＊クッキー、飴、あんこもの、チョコ（甘い物で固すぎないのがよい） ・コーヒーはミルクと砂糖を入れたい	・お菓子を食べる
	○音楽かテレビを楽しむ	○唱歌、童謡、演歌、クラシック	
11:30	○お茶を飲む		・お茶を飲む
12:00	○昼食を食べる	【本人】 ・食べることが好きだから、おいしいものを食べたい。 【家族】 ・好きなものを食べさせてほしい	・箸と手を使って食べる
13:00	・薬を飲む		・薬を口の中に含み、飲み込む
	・片づける		・食器を重ねて脇に寄せる ・テーブルを拭く
	○トイレに行く		【トイレ②】同様

サポートが必要な事		
①居室をそっとのぞき、呼吸の状態、嘔吐物はないかを確認する ②加湿器の水の減少を確認する ＊コールに随時対応＊		
①ふらつきに注意しながら左脇に立ち、トイレまで手をつないで案内する ②ズボンを下ろしてもらうように声をかける。トイレットペーパーを手渡し、終えたらコールで教えてくれるようにお願いして、その場を離れる ③排泄用品の交換（夜間使用⇒日中使用） ④立ち上がってもらい、下着とズボンを上げる		
①天候や気温などを伝えながら衣類を選んでもらう ②着る順番に衣類を並べる（上⇒下⇒靴下） ③離れる時には、ベッドのサイドバーが動かないか必ず確認する		
歯ブラシに歯磨き粉を少しつけて手渡す		
タオルを絞り直し、水気をきる		
①ふらつきに注意しながら、左脇に立ちトイレまで手をつないで案内する ②お茶を用意して出す		
①食材の大きさや固さを確認し、食べやすいようにして盛りつける ②ランチョンマットを敷き、箸を準備する	【食事の留意点】 ＊隣人の分を食べてしまうことがあるので範囲を伝える	【食事】 1300～1400kcal ○主食：お粥 1膳 ○副食：普通 　⇒柔らかな食材はそのまま提供 　　固そうな物は1cm程度の厚みで斜めに切る ○汁：普通 ○禁食：グレープフルーツ 【注意事項】 ＊お茶が進まない時は、甘いジュースを提供 ＊乳酸菌、オリゴ糖、食物繊維を多く含むものを考慮
①水を用意し、薬を1包にまとめて手渡す ②口の中に薬が残っていないか確認する		
塗れ布巾を用意し、テーブル拭きをお願いする		
熱、血圧、脈を測る 【健常時】 体温 36.5℃ 血圧 130～120 75～65 脈拍 65～55		
【トイレ②】 ①トイレへの声かけをして案内。左に立ち、手をつなぐ ②ズボンと下着を下のほうまで下ろすよう声を掛ける ③トイレットペーパーを手渡し、終えたらコールで教えてもらうよう伝えて離れる（排泄用品の交換） ④下着とズボンを上げ、洗面台へ案内し、手を洗ってもらう ⑤手洗い後、リビングへ案内する 【排泄の留意点】 「トイレ」と言わず、「ちょっとよいですか」などと声をかける		
洗濯籠を用意する		
①何を飲みたいかを尋ね、好みのものを出す ②食べたいものを尋ね、好むものを手渡す	【おやつの留意点】 ティッシュにくるみポケットに入れるので、食べきれる量を皿で出す	＊乳酸菌飲料は購入し冷蔵庫で保管
テレビを観るか音楽を聞くか確認し、設定する		
何を飲みたいのかを尋ね、好みのものを出す		
①食材の大きさや固さを確認し、食べやすいようにして盛りつける ②ランチョンマットを敷き、箸を準備する		
①水を用意し、薬を1包にまとめて手渡す ②口の中に薬が残っていないか確認する		
塗れ布巾を用意し、テーブル拭きをお願いする		
【トイレ②】同様		

時刻	行動	本人の希望・好み	具体的な動作・支援内容
14:00	○風呂に入る	・肌触りがよく、色のきれいな洋服が好き ・ぬるめのお湯を好む ・お湯を少なく浴槽にためてほしい ・きれいな色の入浴剤が好き ・鏡の前で身支度したい	・居室へ移動して好みの洋服を選ぶ ・脱衣所まで歩いて移動 ・ベンチに座り脱ぐ ・タオルを持ち浴室へ向かう ・いすへ腰掛け、タオルで胸と腕を洗う ・手すりを使い浴槽につかる（3〜5分間） ・枠につかまり浴槽から上がる ・脱衣所へ歩いて移動し、バスタオルで体を拭く ・脱衣所のベンチに座り、着替える ・くしで髪をとかしてリビングへ戻る
15:00	○トイレに行く		【トイレ②】同様
	○お茶を飲む		・コップを手に取り、口へ運ぶ
	リハビリをする		
17:00	○トイレに行く		
	テレビを見る		
18:00	○夕食を食べる	【本人】 ・食べることが好きだから、おいしいものを食べたい 【家族】 ・好きなものを食べさせてほしい	・箸と手を使って食べる
18:30	・薬を飲む		・薬を口の中に含み、飲み込む
	・テレビを見る		
	・薬を飲む（就寝前）		
20:30	○トイレに行く		
	・歯磨きする		・義歯をすすぎ容器に入れる ・口の中をブラッシングする
	・洗面する	・温かいタオルで拭きたい	・タオルを湯で絞り、顔を拭く
	・着替える		・パジャマに着替える
	・横になる		
22:00〜	○眠っている		

①血圧、脈、熱を測る ②タオル、バスタオル、選んだ衣類を持ち、脱衣所まで案内する ③衣類を脱ぐように声をかける ④移動の際はふらつくので、左側に立って浴室まで案内する ⑤浴室に向かって左側のシャワー台に行き、洗面器を鏡の前に置き、タオルにボディソープを泡立てて渡す ⑥手の届かない足先、背中、髪の毛などの洗い残しを手伝う。シャワーで体を流す 手すりを浴槽の両脇に設置（設置穴は奥） 浴槽枠につかまるように声をかけ、滑らないように見守る ⑦バスタオルを体にかけて左側に立ち、手を引いて脱衣所へ案内する ⑧下着ズボンを上げる時には、手すりにつかまってもらい支援する ⑨ドライヤーで髪を乾かし身支度を整え、手を引いてリビングに案内する	【入浴の留意点】 健常値の範囲であれば入浴OK。それ以外は看護師へ連絡する 【注意事項】 円背なのでお湯は少なめにし、あごまでお湯が来ないようにする ＊湯上がりに水分を摂りたがらない時は、甘い飲物を進める
【トイレ②】同様	
何を飲みたいのか尋ね、好みのものを出す	
【トイレ②】同様	【リハビリ】 15:00〜 ①足上げ（両足2kg・10秒×20回） ②ボールはさみ（10秒×20回） ③ウォーキングマシン（3分・7〜8km／h） ④ホットパック（腰・両膝内側 10分） 【注意事項】 ・ホットパックの熱さに注意 ・ウォーキングマシン時、背もたれに背中が当たるため、クッションを入れる
テレビの番組情報を提供し、設定する	
①食材の大きさや固さを確認し、食べやすいようにして盛りつける ②ランチョンマットを敷き、箸を準備する	
水を用意し、薬を1包にまとめて手渡す	
口の中に薬が残っていないか確認する	
水を用意し、薬を手渡す	
パッドを換える	
①義歯洗浄用容器に洗浄剤を入れる ②歯ブラシに歯磨き粉を少量つけて渡す	
タオルを絞り直し、水気をきる	
ベッド脇に案内し、パジャマに着替えるように声をかける	
布団をかける	
①電気を消す（入口の電気だけつけておく） ②挨拶をして退室する	
①居室をそっとのぞき、呼吸の状態、嘔吐物はないかを確認する ②加湿器の水の減少を確認する ＊コールに随時対応＊	

3 | 24Hシート一覧表

氏名	Aさん	Bさん	Cさん	Dさん	Eさん
0:00	就寝				
1:00	＊枕元にペットボトルの水を準備する			パッド交換・寝返り	パッド交換・寝返り
2:00					
3:00					
4:00					パッド交換・寝返り
5:00					
6:00					
7:00				目覚める	
				ベッド上で、顔をタオルで拭き、クリームを塗る	
7:30				口腔ケア（ガーゼ）・リップクリーム	
				パッド交換	
8:00			起きる・着替える	カーテンを開ける	
			トイレ ＊ふらつき注意	居室で食事（経管栄養滴下）	
8:30		起きる・トイレ	常温水をコップ1杯飲む・食事玄米粥		目覚める・パッド交換
		着替える			カーテンを開ける
9:00		障子を開ける	カーテンを開ける	ベッド上でテレビ・着替える	冷たいタオルで、顔を拭く
	起きる・トイレ・カーテンを開ける	冷水をコップ1杯飲む	リビングで広告を読む	リフトで車いすへ移動	歯を磨く（スポンジ）＊右側噛むので注意
9:30	洗面・歯磨きをする・着替える	歯磨き・入れ歯装着	血圧測定	リビングで過ごす	居室で食事（経管栄養・半固形）
	いすに移り食事	洗顔する・保湿クリームを塗る	散歩（1階中庭前）		ベッド上でテレビ
10:00	食後に乳酸菌飲料	カーテンを開ける・居室でテレビ		お風呂（寝浴）＊背部塗り薬あり	
	居室でテレビ（時代劇が好き）		植物の手入れ	ベッドで休む	着替える
10:30	新聞を読む	いすに移り食事（軽食：ヨーグルト・果物）	喫茶室でコーヒーを飲む（アイスコーヒー）	リフトで車いすへ移動	車いすヘリフト移乗
	サークル室へ行く	食後に薬と生姜紅茶	↓	リビングでテレビ	リビングでテレビ
11:00	健康体操へ行く	リビングで過ごす	トイレ		
	↓		リビングで過ごす	ベッドヘリフト移動	
11:30	トイレ	トイレ	新聞を読む	パッド交換の援助	
	えん側で中庭を見て過ごす	ベッドで休む		車いすヘリフト移動	散歩（1階廊下）
12:00				リビングで過ごす	ベッドで休む
			食事（玄米粥）	居室で食事（経管栄養滴下）	
12:30			食後薬あり		パッド交換
	いすに移り、食事（パン・ヨーグルト等軽食）	いすに移り、食事・食後薬あり	トイレ		
13:00	食後薬あり	食後に薬と生姜紅茶		居室でテレビ	居室で食事（経管栄養・半固形）
	リビングでコーヒー（ミルク・砂糖）		緑茶でうがい・ブラッシング		
13:30	洗い終わった食器を拭く	トイレ		背部マッサージ	歯を磨く（スポンジ）＊右側噛むので注意
14:00	トイレ	リビングのソファで過ごす	散歩する ＊各ユニットを回っている		お風呂（リフト浴）＊胃ろう部消毒あり
		洗濯物たたみ	↓	車いすヘリフト移動	ベッドで休む
14:30	リビングで過ごす				

氏名	Fさん	Gさん	Hさん	Jさん	Kさん
0:00		トイレ			
1:00					
2:00					
3:00					
4:00					
5:00				起きる・洗顔する	
6:00				トイレ・着替える	
7:00			起きる・トイレ	玄関へ新聞をとりに行く・リビングで新聞を読む	
			リビングのカーテンを開け、外の様子を見る	散歩・コーヒーを飲む(砂糖)	
7:30				食事・食後薬あり	
	起きる *ふらつき注意		新聞を読む	*食前に冷たい水	
8:00	着替える・洗顔する	起きる・着替える・車いすに移る	食事・食後薬あり	カーテンをレースに変える・部屋で新聞を読む	
	化粧する・トイレ	トイレ・カーテンを開ける	食事と一緒に生姜紅茶(甘めにする)を飲む		
8:30	カーテンを開ける	食事・食後に薬を飲む	洗い物をする	散歩(1階中庭前)	
	食事(パン・温かい牛乳)				
9:00	食前・後薬あり	リビングでコーヒー(熱め・ブラック)	トイレ・着替える・居室のカーテンを開ける	散歩(正面玄関前)	
	散歩			トイレ	起きてすぐ冷たい水を飲む
9:30	トイレ	廊下のえん側で過ごす	リビングでTV	Aユニットの友人とコーヒーを飲む(砂糖)	車いすへ移乗・顔を拭く・髪をとく
	リビングで過ごす、ウトウトする		血圧測定	↓	いすに移って食事・食後に薬を飲む
10:00	血圧測定		友人と話をしながら、リビングでお茶を飲む		新聞を読む
	洗濯物を干す・煮干の頭を取る・米を研ぐ	お風呂(個浴) *熱めを好む：時間注意		リビングでお茶を飲む	歯磨きをする
10:30		リビングでテレビ	生姜紅茶を飲む	散歩(1階廊下)	着替える・カーテンを開ける
	○○さんの部屋へ行く	リビングか廊下の突き当たりで過ごす	洗い物をする	ベッドで休む	トイレ
11:00	健康体操へ行く	トイレ	テレビを見る	トイレ	散歩する・歩く練習をする
		リビングでコーヒー(ブラック)			裁縫をする
11:30	リビングでお茶を飲む	ベッドで休む		リビングで過ごす	リビングでコーヒー(ミルク・砂糖)
	トイレ				裁縫をする
12:00	食事・食前後薬あり		食事・食後薬あり		
	リビングでコーヒー(ぬるめ・ミルク)		食事と一緒に生姜紅茶(甘めにする)を飲む	食事・食後薬あり	トイレ
12:30		食事・食後に薬を飲む	キッチンで食器を拭く		食事の準備をする
	ベッドで休む			歯磨き	いすに移って食事・食後薬を飲む *飲み込めたか確認
13:00		新聞を読む	ベッドで休む	散歩(喫茶店前)	
	トイレ				洗い物をする
13:30		トイレ		旦那さんに会いに行く	
		ゆっくり過ごす・家族と過ごす		↓	歯磨き(*見守り、確認、援助)
14:00			お風呂(個浴) *熱めを好む：温度注意	居室に戻る	ベッドで休む
				↓	冷たい飲み物を飲む
14:30	お風呂(個浴) *足爪薬あり *ぬるめ	喫茶店へ行き、音楽と会話を楽しむ		トイレ	散歩する(中庭・ロビー)

氏名	Aさん	Bさん	Cさん	Dさん	Eさん
			売店で買い物	散歩する(1階中庭前)	居室でテレビ
15:00	おやつ(熱めのココア:注意)	おやつ		リビングで過ごす	
		お風呂(個浴)	おやつ		パッド交換
15:30	お風呂(個浴) *温度注意		散歩する(各ユニット)		喫茶店で音楽を楽しむ
	ベッドで休む				
16:00		好きな場所で過ごす(リビングやソファやたたみ)	トイレ	ベッドへリフト移動・背部マッサージ	
	トイレ		散歩する(事務所前)	パッド交換	リビングでテレビ
16:30	居室でテレビ(時代劇が好き)	トイレ	お風呂(個浴) *ぬるめを好む	ベッドで休む	
			ベッドに横になる		
17:00	居室のカーテンを閉める	リビングのソファでテレビ		居室で食事(経管栄養滴下)	
	ベッド上の整理				
17:30					居室のカーテンを閉める
			食事の準備		居室で食事(経管栄養・半固形)
18:00		いすに移り食事	食事 *玄米粥	居室のカーテンを閉める・パッド交換	リビングでテレビ
	食事の準備	食後に薬と生姜紅茶	食器の後片づけ	居室でテレビ	
18:30	いすに移り、食事	トイレカーテンを閉める	リビングでテレビ		
	食後薬あり	居室でテレビ			
19:00			トイレ・居室のカーテンを閉める		
	トイレ		歯磨きする		
19:30	リビングでテレビ	歯磨き・入歯消毒	翌日の衣類準備		歯磨き(スポンジ) *右側噛むので注意
	*ぬるめのお茶			口腔ケア(ガーゼ)・リップクリーム	
20:00		寝巻に着替える	パジャマに着替える	目薬をさす・パッド交換	パッド交換
		横になってテレビ	横になってテレビ	就寝	寝巻に着替える
20:30	歯磨き				横になってテレビ
	パジャマに着替える	トイレ			
21:00	横になってテレビ	就寝			
22:00	ぬるめのお茶を飲む		トイレ		就寝
23:00	トイレ		就寝		

注　■……臥床時間
　　▨……食事の時間

氏名	Fさん	Gさん	Hさん	Jさん	Kさん
	おやつ		生姜紅茶を飲む	コーヒーを飲む(砂糖)	居室の掃除
	ベッドで休む		リビングでゆっくりする	散歩(1階中庭前)	おやつ
15:30	車いすに移り、居室でテレビ	↓	トイレ	居室に戻り、本を読む	トイレ
		リビングに戻る	リハビリ	お風呂(個浴) *熱めを好む:温度注意	リハビリ
16:00		トイレ		ベッドで休む	
	リビングでテレビ	リビングでテレビ	↓		↓
16:30		リビングか廊下の突き当たりで過ごす	テレビを見る		裁縫をする
	洗濯物をたたむ			リビングで新聞たたみ	
17:00	煮干の頭を取る・米を研ぐなど				↓
				トイレ・カーテンを閉める	
17:30		居室のカーテンを閉める	リビングのカーテンを閉める	散歩(事務所前)	トイレ・居室のカーテンを閉める
	トイレ・居室のカーテンを閉める		居室のカーテンを閉める	↓	食事の準備
18:00	食事・食前後薬あり		食事・食後薬あり	食事・食後薬あり	いすに移って食事・食後薬あり *飲み込み確認
			食事と一緒に生姜紅茶(甘めにする)を飲む		洗い物
18:30		食事・食後薬あり	洗い物をする	居室でテレビ	
				*毎晩家族から電話あり	
19:00	リビングで過ごす・ウトウトする		お茶を飲む	トイレ	
			居室に行く	着替え・歯磨き	お風呂(個浴) *熱めを好む:温度注意
19:30		リビングで植物の手入れをして過ごす	スウェットに着替える・歯磨きする	就寝	洗濯物をたたむ・薬を飲む
	歯磨きする	温かい牛乳を飲む	トイレ		歯磨き
20:00		トイレ	居室でテレビ		翌日の衣類準備
	トイレ	パジャマに着替える・歯磨き			横になってテレビ
20:30	寝巻に着替える	横になる			
	横になってテレビ	就寝			
21:00	就寝		就寝		トイレ *安心パッド使用
22:00				トイレ	就寝
23:00					

4 | 24Hシート聞き取り項目

　以下に示す聞き取り項目すべてを聞き取るわけではありません。項目は施設で自由に決めて下さい。また、事前に記録類や観察で記載できるものは記載しておきましょう。大事なことは、入居者と聞き取る職員に負担をかけないことです。

①本人の状況（フェイスシートにこの項目があれば省略してよい）

・入居日はいつですか？　［　　　　　　　］
・介護度はいくつですか？　［　　　　　　　］
・主な疾病は？　［　　　　　　　］
・歩行はどうですか？（自立・つかまり歩き・杖歩行・歩行器使用・車いす）
　　　　　　　　　　　　　　　　　　　　　　　　　　　　［　　　　　　　］
・体重はどのくらいですか？　［　　　　　　　］
・アレルギー食や禁止の食事は何ですか？　［　　　　　　　］
・医療的処置は何ですか？（経鼻栄養・胃ろう・インスリン・導尿カテーテル・酸素療法・ストーマ・吸引・その他）　［　　　　　　　］
・視力はどうですか？（普通・やや悪い・人の動きがわかる程度・ほとんど見えない・眼鏡の使用）　［　　　　　　　］
・聴力はどうですか？（普通・やや悪い・大声が聞きとれる・ほとんど聞こえない・補聴器の使用）　［　　　　　　　］
・麻痺（部位）　［　　　　　　　］
・意思疎通は？（普通・ほぼできる・ややできる・できない）　［　　　　　　　］
・喫煙しますか？　［　　　　　　　］
・金銭管理はできますか？　［　　　　　　　］
・ショートステイの人は、その利用目的は？（家族の都合・生活にメリハリをつける・本人の希望・その他）　［　　　　　　　］

②目覚め

・目覚めは、何時頃ですか？　[　　　　　　]
・目覚めの声かけ（起こしてほしいか？）や目ざまし時計の活用はしますか？
　　　　　　　　　　　　　　　　　　　　　　　　[　　　　　　]
・目覚めのあとは、どうしていますか（どうしたいですか）？　→（ベッドでごろごろしている（何分ぐらい）・すぐ起きる）[　　　　　　]

③カーテン・電気

・カーテンは開けますか？（いつ頃）[　　　　　　]
・電気は消しますか？（いつ頃）[　　　　　　]
・カーテンや電気で困っていることはありますか？　[　　　　　　]

④ベッド（寝床）から起きる

・ベッドからどのように起きますか？（自分でできるか？）[　　　　　　]
・ベッドから起きるときに困っていることはありますか？（座位が可能か？　立位が可能か？）[　　　　　　]
・ベッドから起きたら、その次に何をしますか？（整容・排泄・着替え・リビングに出る・その他）[　　　　　　]

⑤排泄

・排泄のリズムのデータを取っていますか？　[　　　　　　]
・排泄のリズムに沿った用品（ポータブルトイレも含む）になっていますか？　→本人の排泄リズムの時間ごとに記入する　[　　　　　　]
・トイレに行きますか？　[　　　　　　]
・職員のサポートは同性がよいですか？　[　　　　　　]
・どんなことで困っていますか？（ズボン等の上げ下ろし・歩行・移乗・排泄用品の交換・排泄用品の片づけ・便意や尿意の有無・その他）[　　　　　　]

⑥着替え(朝)

- いつ頃着替えをしますか?(朝ごはんの前か、後か) [　　　　　]
- 自分で着替えを選べますか?(いつ選んでいるかも聞いておく。前の夜や朝など) [　　　　　]
- 朝、着替えたい洋服は何ですか?(下着・寝巻き・靴下・その他) [　　　　　]
- 着替えでどうしてもこれをしたいということ(こだわり)はありますか?(厚着・薄着・好みの色…) [　　　　　]
- 靴やスリッパはどうしますか? [　　　　　]
- 着替えで困っていることは何ですか?(服に袖を通せる・ボタンがはめられる・その他) [　　　　　]

⑦歯磨き等の整容

- タオルや歯ブラシ・櫛・クリーム等はどこに置いていますか? [　　　　　]
- 洗面はいつ頃したいですか?(自分でできますか?) [　　　　　]
- 洗面の仕方はどうしていますか?(タオルを濡らして拭く・水をためて洗う・お湯で洗う・その他) [　　　　　]
- 洗面後はクリームをつけますか? [　　　　　]
- いつも使っているものはありますか? [　　　　　]
- 洗面で困っていることは何ですか? [　　　　　]
- 歯磨きは、いつ頃しますか? 食後ですか、食前ですか? [　　　　　]
- 歯磨きの仕方はどうしていますか?(口をゆすぐのは水かぬるま湯か・歯磨き粉・歯ブラシ・その他) [　　　　　]
- 歯磨きで困っていることは何ですか?(義歯や口腔内のチェックをする) [　　　　　]
- ひげそりはいつしますか? 毎日しますか?(頻度を聞く) [　　　　　]
- ひげそりの仕方はどうしていますか?(電気カミソリ・シェービングクリーム・蒸しタオル・その他) [　　　　　]
- ひげそりで困っていることは何ですか? [　　　　　]
- 整髪はどうしていますか? [　　　　　]
- 整髪でこだわっていることはありますか?(整髪グッズ・髪をまとめる・その他) [　　　　　]
- 整髪で困っていることはありますか? [　　　　　]

⑧朝の食事

- 食事はどこで食べたいですか？　［　　　　　　　］
- リビングには一人で行けますか？（ベッドからの移乗を含めて確認）［　　　　　　　］
- 朝ごはんは食べますか？　［　　　　　　　］
- 何時頃に食べたいですか？　［　　　　　　　］
- 猫舌ですか？　熱いものが好きですか？　［　　　　　　　］
- 毎日食べたい（飲みたい）ものや特別に食べたい（飲みたい）ものはありますか？
　［　　　　　　　］
- 主食は何ですか？（パン・ご飯・粥・その他）　［　　　　　　　］
- どのくらい食べますか？　［　　　　　　　］
- おかずはどのくらい食べますか？　［　　　　　　　］
- 普通の食事を食べられますか？（食形態のチェック）　［　　　　　　　］
- 食べたくないもの、アレルギーはありますか？　［　　　　　　　］
- 日によって違うことはありますか？　［　　　　　　　］
- 朝食前後の薬はありますか？　［　　　　　　　］
- 調味料の好みはありますか？　［　　　　　　　］
- 食事の時に使うグッズはありますか？（エプロン・お手拭き・その他）
　［　　　　　　　］
- 朝ごはんで困っていることは何ですか？（いすやテーブルなどの座り方・姿勢・嚥下の状態・疾患・治療食を確認しておく）　［　　　　　　　］

⑨朝ごはんの後にすること

- 朝ごはんの後は何をしますか？　→部屋に戻る・リビングにいる・どこかに出かける・トイレに行く・着替える・ひと休みする・テレビを見る（好きな番組）・運動をする・その他　［　　　　　　　］
- その時に困っていることは何ですか？（移動や移乗・行事の声かけ・その他）
　［　　　　　　　］
- 曜日により受診やサークルへの参加等がありますか？　［　　　　　　　］

⑩午前中のおやつ

・午前中のおやつは食べますか？　［　　　　　］
・特別食べたいものはありますか？　［　　　　　　］
・おやつで困っていることは何ですか？　［　　　　　］

⑪昼の食事

・食事はどこで食べたいですか？　［　　　　　　］
・何時頃食べたいですか？　［　　　　　　　］
・毎日食べたい（飲みたい）ものや特別に食べたい（飲みたい）ものはありますか？
・主食は何ですか？（パン・ご飯・粥・麺類・その他）［　　　　　　］
・主食はどのくらいの量を食べますか？　［　　　　　　］
・おかずはどのくらいの量を食べますか？　［　　　　　　］
・普通の食事を食べられますか？（食形態のチェック）［　　　　　　］
・食べたくないもの、アレルギーはありますか？　［　　　　　］
・日によって違うことはありますか？　［　　　　　　］
・昼食前後の薬はありますか？　［　　　　　　］
・調味料の好みはありますか？　［　　　　　　］
・食事の時に使うグッズはありますか？（エプロン・お手拭き・その他）
　　　　　　　　　　　　　　　　　　　　　　　　［　　　　　　］
・昼食で困っていることは何ですか？（いすやテーブルなど座り方・姿勢・嚥下の状態・
　疾患・治療食を確認しておく）　［　　　　　　］

⑫昼寝

・昼寝はしますか？　［　　　　　］
・どこでどのくらしますか？　［　　　　　　］
・昼寝で困っていることは何ですか？　［　　　　　　］

⑬入浴

・身体的状況や疾患から、どの浴槽で、どこまで自分でできるか、確認をとっておき

ましょう → 入浴のデータをとりましょう ［　　　　　］
- お風呂は好きですか？ ［　　　　　　］
- いつ、どのくらい（回数と所要時間）入り（入りたい）ますか？ ［　　　　　　］
- 風呂の温度はぬるめですか？ 熱いのが好きですか？ ［　　　　　　］
- 同性のサポートのほうがいいですか？ ［　　　　　　］
- 入浴の順番は？（浴槽に入る・洗う） ［　　　　　　］
- こだわりのシャンプーや石鹸・タオル等がありますか？ ［　　　　　　］
- 入浴後の着替えは何にしますか？ ［　　　　　　］
- 着替えを自分で選べますか？ ［　　　　　　］
- 爪切りはどうしますか？ ［　　　　　　］
- 耳掃除はどうしますか？ ［　　　　　　］

⑭午後にすること

- 昼食後、したいこと（していること）はありますか？（部屋に戻る・リビングにいる・どこかに出かける・トイレに行く・着替える・ひと休みする・その他）
　　　　　　　　　　　　　　　　　　　　　　［　　　　　　］
- その時困っていることは何ですか？（移動や移乗・行事の声かけ等・その他）
　　　　　　　　　　　　　　　　　　　　　　［　　　　　　］
- 曜日により受診やサークルへの参加等がありますか？ ［　　　　　　］

⑮午後のおやつ

- 午後のおやつは食べますか？ ［　　　　　　］
- 特別食べたいものはありますか？ ［　　　　　　］
- 困っていることはありますか？ ［　　　　　　］

⑯夜の食事

- 食事はどこで食べたいですか？ ［　　　　　　］
- 何時頃に食べたいですか？ ［　　　　　　］
- 毎日食べたい（飲みたい）ものや特別に食べたい（飲みたい）ものはありますか？
　　　　　　　　　　　　　　　　　　　　　　［　　　　　　］

・主食は何ですか？（パン・ご飯・粥・麺類・その他）［　　　　　　］
・主食はどのくらいの量を食べますか？　［　　　　　　］
・おかずはどのくらいの量を食べますか？　［　　　　　　］
・普通の食事を食べられますか？（食形態のチェック）［　　　　　　］
・食べたくないもの、アレルギーはありますか？　［　　　　　　］
・お酒は飲みますか？　［　　　　　　］
・日によって違うことはありますか？　［　　　　　　］
・夕食前後の薬はありますか？　［　　　　　　］
・調味料の好みはありますか？　［　　　　　　］
・食事の時に使うグッズはありますか？（エプロン・お手拭き・その他）
　　　　　　　　　　　　　　　　　　　　　　　　　　［　　　　　　］
・夕食で困っていることは何ですか？（いすやテーブルなどの座り方・姿勢・嚥下の状態・疾患・治療食を確認しておく）　［　　　　　　］

⑰歯磨き等の整容

・寝る時の整容は何をしますか？（歯磨き・洗顔・ひげそり・足ふき・その他）
　　　　　　　　　　　　　　　　　　　　　　　　　　［　　　　　　］
・歯磨きは、いつ頃しますか？　食前ですか、食後ですか？［　　　　　　］
・歯磨きの仕方はどうしていますか？（口をゆすぐのは水かぬるま湯か・歯磨き粉・歯ブラシは・その他）［　　　　　　］
・歯磨きで困っていることは何ですか？［　　　　　　］
・洗面後はクリームをつけますか？　［　　　　　　］
・洗面でいつも使っているものはありますか？　［　　　　　　］
・洗面で困っていることは何ですか？　［　　　　　　］
・ひげそりの仕方はどうしていますか？（電気カミソリ・シェービングクリーム・蒸しタオル・その他）［　　　　　　］
・ひげそりで困っていることは何ですか？［　　　　　　］
・整髪はどうしていますか？［　　　　　　］
・整髪でこだわっていることはありますか？（整髪グッズ・髪をまとめる・その他）
　　　　　　　　　　　　　　　　　　　　　　　　　　［　　　　　　］
・整髪で困っていることはありますか？　［　　　　　　］

⑱着替え

・寝る前に着替えはしますか？　［　　　　　　］
・いつ頃着替えたいですか？　［　　　　　　］
・着替える時にしたいことやこだわりはありますか？　［　　　　　　］
・着替えで困っていることはありますか？　［　　　　　　］

⑲ベッド（寝床）に入る （ベッドのギャッチアップ・体位の確認）

・ベッドには何時頃入りますか？　［　　　　　　］
・電気はどうしますか？　［　　　　　　］
・鍵はどうしますか？　［　　　　　　］
・テレビはつけますか？　［　　　　　　］
・ベッドのそばに置いておきたいものはありますか？　［　　　　　　］
・ベッドに入る際に困っていることは何ですか？　［　　　　　　］

⑳眠る・夜中

・眠るまでにどのくらい時間がかかりますか？　［　　　　　　］
・自分で寝返り（体位変換）をしますか？　［　　　　　　］
・何回くらい目が覚めますか？　［　　　　　　］
・目が覚めた時、何をしますか？　［　　　　　　］
・夜中に何か飲んだり・食べたりしますか？　［　　　　　　］
・夜中に飲食をするのは毎日ですか？　［　　　　　　］
・夜中に飲食をするのは何時頃がいいですか？　［　　　　　　］
・夜中の食事の用意はどうしますか？　［　　　　　　］
・夜中の排泄でこうしたいという希望はありますか？　［　　　　　　］
・夜中で困っていることはありますか？　［　　　　　　］

5 理解度テスト　解答

 理解度テスト①　解答

日課とは、「毎日決まってすること」ですので、入居者はこの通りに暮らすということになります。24Hシートは暮らしぶりやサポート方法の見積りであり、マニュアルのように使うものではありません。日課という言葉は適しません。

 理解度テスト②　解答

家族の意向が反映されません。「意向・好み」の項目には、入居者本人のみならず、家族の意向も記します。「私」だけではないのです。

 理解度テスト③　解答

次の情報収集の3つの手法によって情報を得ることができます。
①聞き取り……病院関係者、ケアマネジャー、近隣の人等から聞き取りする
②読み取り……病院から送付されてくるサマリーやケース記録等から読み取る
③観察…………面談の様子や入居後の様子を観察する

 理解度テスト④　解答例

サポートできないからといって、書かないという対応はしてはいけません。

時間	生活リズム	意向・好み	自分でできる事	サポートの必要な事
0:00	起きている	入浴したい		・なぜ、0時に入浴したいかを聞く ・その話の内容次第の対応をする。もし、いつ入浴できるのかと聞かれた時は、いつもと同じ○時頃と答える。

理解度テスト 5 解答

起床介助 ……**不適切**

「起床介助」とは職員主体の書き方です。主語を入居者に置き換えて考えるとおかしいことがわかります。「目が覚める」や「ベッドから起き上がる」と書くのが適切です。

水分補給 ……**不適切**

入居者が飲む飲料の名称を書きましょう。「意向・好み」には「熱い緑茶が飲みたい」と書いてあるので、ここでは「熱い緑茶を飲む」と書くのが適切です。

トイレ誘導 ……**不適切**

職員主体の書き方です。入居者を主語にすると「トイレに行く」と書くのが適切です。

ご自分で起きられる ……**不適切**

職員主体の書き方です。尊敬語を使って敬意を払っていますが、主体は入居者本人なので、敬語を使うことはないでしょう。「自分で起きる」もしくは「ベッドのサイドレールにつかまって起きる」等の記載になります。

熱い緑茶が飲みたい ……**適切**

「意向・好み」の欄に、入居者本人の言葉で、入居者本人を主語として書かれているので、よい表現です。

一部支援 ……**不適切**

何をどこまでサポートするのかという具体的な内容が書かれていません。「サポートの必要な事」は、どの職員でもサポートできるように記す必要があります。この場合、お茶を飲む場面なので、「熱いお茶を入れて、テーブルの上に置いておく。一人で運ぶので、深めのコップに入れて小さなお盆に乗せる」といった記載になります。

常に見守る ……**不適切**

「常に見守る」という表現の主語は職員なので、それはよいでしょう。しかし、「常に見守る」では、何をどうするのか具体的な内容が書かれていないので、具体的に書くようにしましょう。大切なのは、誰が読んでも何をすればよいのかがすぐにわかるように書くことです。

おわりに

　皆さま、この本を読んでいただきましてありがとうございます。
　24Hシートのこと、おわかりいただけましたでしょうか。
　24Hシートに取り組んでみよう、さらに発展させてみようと思いましたでしょうか。

　言うまでもなく、24Hシートは、介護が目指す「一人ひとりの暮らしの継続」のサポートを実践するためのツールとして存在します。

　その実践は「目の前の要介護者を知ること」から始まります。
「暮らしの継続」は、「1日の暮し」が基本単位です。それをケアの視点としました。
「要介護者を知る」は、単に入居者の過去だけではなく、「これから、どのように暮らしたいのか」であることも明確にしました。
　暮らしの詳細なデータ・エビデンスを、チームケア、さらには施設の運営・経営に活用するにいたりました。
　そして、施設運営の品質保証として「24Hシート・ケース記録」が活用できるようになりました。

　このように、24Hシートは、単なるアセスメントシートではありません。今後、さらに発展を続けると思います。

　24Hシートの活用で、「入居者1人ひとりの暮しの継続」のサポートが当たり前に展開でき、福祉の専門性がさらに発展することを祈念しております。

著者

は、一般社団法人 日本ユニットケア推進センター 秋葉都子氏の登録商標です。

本書の無断転載・無断引用、ならびに本書を許可なく使用した研修会等を禁じます。

個別ケアのためのアセスメント・記録ツール
24Hシートの作り方・使い方　第2版

2013年 4 月10日　初版発行
2018年 5 月10日　第 2 版発行
2019年 3 月20日　第 2 版第 2 刷発行

著　者　秋葉都子
発行者　荘村明彦
発行所　中央法規出版株式会社
　　　　〒110-0016　東京都台東区台東3-29-1　中央法規ビル
　　　　営　　業　TEL03-3834-5817　FAX03-3837-8037
　　　　書店窓口　TEL03-3834-5815　FAX03-3837-8035
　　　　編　　集　TEL03-3834-5812　FAX03-3837-8032
　　　　https://www.chuohoki.co.jp/

DTP・装丁　株式会社サンポスト
印刷・製本　株式会社ルナテック

本書のコピー、スキャン、デジタル化等の無断複製は、著作権法上での例外を除き禁じられています。また、本書を代行業者等の第三者に依頼してコピー、スキャン、デジタル化することは、たとえ個人や家庭内での利用であっても著作権法違反です。
ISBN978-4-8058-5644-4
落丁本・乱丁本はお取り替えいたします。
定価はカバーに表示してあります。